AF176689

Wilhelm Jans

Die komplizierte Welt des Geldes
Eine kritische Betrachtung

Bibliographische Information der Deutschen Nationalbibliothek:
Die Deutsche Nationalbibliothek verzeichnet diese Publikation in der deutschen
Nationalbibliographie, detaillierte bibliographisch Daten sind im Internet unter
http://dnb.dnb.de abrufbar

© 2020 Wilhelm Jans
Herstellung und Verlag:
BoD – Books on Demand, Norderstedt
ISBN 9783751971973

Meiner lieben Frau

Inhaltsverzeichnis

Vorwort

Vorwort

Man hat den Eindruck, als sei die Welt des Geldes aus den Fugen geraten. Die Zentralbanken stellen Unmengen an Geld her und die Schulden steigen ins Uferlose. Die Frage, welche Folgen das hat, ist schwer zu beantworten. Die Welt des Geldes ist kompliziert. Um sie zu verstehen, muss man sich intensiv mit ihr auseinandersetzen und bereits sein, sich mit wichtigen Details zu beschäftigen. Dazu möchte das Buch eine Hilfe sein.

In der Welt des Geldes sind insbesondere folgende Wissensgebiete von Bedeutung: Die Volkswirtschaft, das Recht und die Psychologie. Es gibt eine Vielzahl von Akteuren: Die Zentralbank, die Banken, der Staat, die Politik, die Unternehmen, die Privathaushalte und das Ausland. Die Welt des Geldes ist ein großes Spielfeld mit vielen Spielern, die sich gegenseitige beeinflussen und deren Verhalten unberechenbar ist. Dies macht Prognosen unmöglich.

Als ich mit der Arbeit an diesem Buch begann, war die Coronakrise nicht absehbar. Ich war bei meinen Überlegungen zu dem Ergebnis gekommen, dass die Finanzwirtschaft im Verhältnis zur Realwirtschaft die größere Bedeutung hat. Es galt die Devise, durch den Kauf von Aktien und Finanzprodukten das Vermögen zu mehren. Ich hatte mir die Frage gestellt, was im Extremfall wohl passieren würde, wenn alle nur Aktien und Finanzprodukte kaufen und dadurch zu Reichtum kommen. Niemand, so meine Schlussfolgerung, würde mehr arbeiten und es würden keine Güter produziert. Der Reichtum würde im Ergebnis nichts nützen, wenn es keine Güter zu kaufen gäbe. Dann kam die Coronakrise. Sie hat plötzlich vor Augen geführt, wie wichtig die Produktion von Gütern und somit die Realwirtschaft ist.

Als Chef einer Stadtverwaltung hatte ich stets mit Geld zu tun. Nach dem Eintritt in den Ruhestand haben mich Grundsatzfragen rund um das Geld beschäftigt und ich musste feststellen, dass das Geld keine einfache Sache ist. Ich habe lange gebraucht, um durch das Dickicht der Welt des Geldes durchzusteigen. Um dem Leser das Verständnis zu erleichtern, habe ich, wo es mir angebracht erschien, einfache Fallbeispiele gebildet. So kann man zum Beispiel das schwierige Problem der Targetsalden – ein Problem des Euro - besser verstehen, wenn man sich konkret vorstellt, wie Geldüberweisungen ablaufen.

Im Finanzwesen wird vielfach mit englischen Fachausdrücken gearbeitet. Soweit ich diese Fachausdrücke benutze, habe ich sie übersetzt oder erläutert. Ein weiterer Hinweis: Ich empfehle, das Buch in der Reihenfolge der Kapitel zu lesen, da jedes Kapitel auf dem vorhergehenden aufbaut. Und noch etwas: Das Buch ist kein Roman, den man in einem Zug liest. Der Leser sollte sich für die Lektüre etwas Zeit nehmen und sich eigene Gedanken machen. Das Geld ist, was ich gerne zugebe, eine trockene Materie. Aber es hat auch spannende Momente. Es gibt Finanztricks, über die man nur staunen kann.

Ich habe mit der Geschichte des Geldes begonnen. Das heutige Geldsystems kann man besser verstehen, wenn man seine geschichtliche Entwicklung kennt. Auch ansonsten bietet die Geschichte viel Lehrreiches, wenn es etwa um Themen wie Finanzkrise oder Inflation geht.

Meine Überlegungen habe ich aus langfristigen Statistiken abgeleitet. Ich habe überwiegend amerikanische Statistiken gewählt, da diese ununterbrochene Zeitreihen aufweisen, während die deutschen Statistiken durch Änderung des Währungsraums (Wiedervereinigung) und der Währung (Euro) unterbrochen sind und mir weniger geeignet erschienen.

Gifhorn, im September 2020

1. Einleitung

In der Welt des Geldes spielt die menschliche Natur eine entscheidende Rolle. Die Natur ist unveränderlich. Das wussten schon die alten Römer. Du magst die Natur mit Gewalt vertreiben, so hieß es bei ihnen, sie wird wieder zurückkommen.

Der Mensch ist von Natur aus eigennützig, was auf den Selbsterhaltungstrieb zurückgeführt werden kann. Er sucht den eigenen Vorteil. Wer etwas kauft, will möglichst wenig bezahlen. Wer etwas verkauft, will einen möglichst hohen Preis erzielen. Der Verkäufer nutzt ein knappes Angebot aus und fordert einen hohen Preis. Der Käufer nutzt ein hohes Angebot aus und sucht nach dem Angebot mit dem niedrigsten Preis. Das Gesetz, wonach Angebot und Nachfrage den Preis bestimmen, kann durch Höchstpreisvorschriften nicht außer Kraft gesetzt werden. Nach Aufhebung der Höchstpreisvorschriften bricht es sich umso stärker Bahn – die Natur kommt halt wieder zurück. Das Gesetz von Angebot und Nachfrage gilt auch für das Geld. Der Preis für das Geld sind die Zinsen. Ist das Angebot an Geld hoch, sind die Zinsen niedrig und umgekehrt.

Die Suche nach dem eigenen Vorteil spiegelt sich auch in dem menschlichen Bestreben wider, möglichst ohne Arbeit zu Geld zu kommen. Glücksspiel und Wetten hat es schon immer gegeben. Die Unternehmen der Finanzwirtschaft bieten heute Finanzwetten in vielfältiger Form an.

Eine weitere naturgegebene Eigenschaft des Menschen ist das Herdenverhalten, das sich auch in der Welt des Geldes zeigt. Es ist entwicklungsgeschichtlich zu erklären. Früher konnte der Mensch nur in der Gruppe überleben. Er musste sich dem Anführer der Gruppe unterordnen. Der Anführer war anerkannt und Vorbild. Auch heute ist zu beobachten, dass viele Menschen sich Prominente zum Vorbild nehmen und deren Auffassungen übernehmen.

Die Psychologie ist von großer Bedeutung. Das Verhalten des Menschen ist zu einem großen Teil von Stimmungen geprägt. Das gilt auch für das Verhalten an der Börse, das häufig rational nicht zu erklären ist.

Bevor wir nun in die Welt des Geldes eintreten, müssen wir festlegen, was wir unter Geld verstehen wollen. Im allgemeinen Sprachgebrauch wird der Geldbegriff in einem weiten Sinne verwendet. Wenn es heißt, jemand habe viel Geld, so kann das bedeuten, er sei Fabrikbesitzer oder er habe ein großes Aktienpaket. Hier wird der Begriff „Geld" im Sinne von „Vermögen" oder „Vermögenswert" verwendet. Auch ist zuweilen von Geldvermögen die Rede. Geld im engeren Sinne ist etwas anderes. Es ist ein Zahlungsmittel. Ein Schuldner benötigt Geld, um seine Schuld bezahlen zu können. Ihm hilft es nicht, wenn er ein großes Aktienpaket hat, aber keine Zahlungsmittel. Er muss seine Aktien - gegebenenfalls mit Verlust - verkaufen und sein Vermögen „liquidieren", um „liquide" zu sein. Zahlungsmittel sind die Banknote und die Gutschrift auf dem Girokonto.

Geld ist außerdem ein Wertbestimmungsmittel. Es ist der Messstab zur Bewertung von Gütern (Waren und Dienstleistungen) sowie von Vermögensgegenständen (Immobilien, Aktien, Gold). Der Messstab muss wie jeder andere Messstab (Längenmaß, Gesichtsmaß) stabil sein. Die Wertbezeichnung des Geldes – der Geldbetrag – ist stabil. Es ist eine nominale Stabilität. Nicht stabil ist das, was mit dem Geld gemessen wird, also der Wert der Güter und Vermögensgegenstände. Diese Werte, die mit einem Preis bezeichnet werden, schwanken mehr oder weniger stark.

Schließlich ist Geld ein Wertaufbewahrungsmittel. Wer eine Arbeit geleistet und dafür Geld erhalten hat, möchte auch nach längerer Zeit mit dem Geld etwas kaufen können, das dem Wert seiner Arbeit entspricht.

Im folgenden verwende ich den Begriff „Geld" nur im engeren Sinne, vor allem als Zahlungsmittel.

2. Die Geschichte des Geldes

In der Frühzeit der Menschheit gab es den Tauschhandel. Der Bauer, der vom Viehhändler eine Kuh erwarb, gab dem Viehhändler zum Beispiel zwei Schafe. Die Aufzucht der Kuh und der Schafe war mit Arbeit verbunden. Es wurden im Prinzip zwei Arbeitsleistungen, die als gleichwertig angesehen wurden, getauscht. Der Tauschhandel wurde schon früh durch die Bezahlung mit Geld abgelöst.

Geld war ursprünglich eine Sache, etwa eine wertvollen Muschel. Die Muschel musste gesucht werden und dies war mit Arbeit verbunden. Die Herstellung des Geldes beruhte wie der Tauschgegenstand auf Arbeit. Der Bauer bezahlte die Kuh nun mit Muscheln anstatt mit Schafen. Um die notwendigen Muscheln zu bekommen, musste er Schafe gegen Muscheln verkaufen oder aber selbst Muscheln suchen. In beiden Fällen musste er eine Arbeitsleistung erbringen. Schließlich entstand das Münzgeld. Münzen bestanden aus Gold (Silber), dessen Gewinnung außerordentlich arbeitsintensiv war - und immer noch ist. Wie sich zeigt, war Arbeit die Grundlage des Geldes. Heute wird Geld ohne Arbeit durch eine Buchung auf einem Bankkonto hergestellt. Geld ist insoweit nichts Stoffliches mehr und auch die Arbeit besteht infolge der Automatisierung immer weniger aus Tätigkeiten ohne stofflichen Bezug (Forschung, Entwicklung, Erziehung, etc.), sodass der Zusammenhang zwischen Geld und Arbeit nicht immer leicht erkennbar ist. Um den Zusammenhang zu verstehen, werfen wir einen Blick in die weitere Geschichte der Entwicklung des Geldes.

Wer Goldmünzen besaß, lief Gefahr, dass er beraubt wurde. Er gab sie gegen Zahlung einer Gebühr zur Aufbewahrung an einen Goldschmied, der über einen Tresor verfügte. Die Tätigkeit der Aufbewahrung von Münzen wurde von den Banken übernommen. Die Banken stellten über die erhaltenen Münzen eine Quittung aus, die eine Forderung gegen die Bank auf Rückgabe der Münzen verkörperte. Wenn jemand Geld benötigte, holte er seine Münzen zurück. Es wurde üblich, dass die Münzen nicht zurückgeholt wurden, sondern dass der Einfachheit halber mit den Quittungen bezahlt wurde. Die Quittungen, auch Zettel genannt, wurden neben den Goldmünzen zum Zahlungsmittel und damit zu Geld.

3

Mit den Zetteln war eine zusätzliche Art von Geld entstanden. Das Neue an diesem Geld war, dass es nicht aus wertvollem Material bestand, sondern aus einer Forderung und dass es nicht wie die Goldmünze von einer staatlich konzessionierten Münzprägeanstalt herausgegeben wurde, sondern von einer privaten Bank, der Zettelbank.

Nun geschah etwas Entscheidendes. Die Zettelbanken stellten fest, dass die Zettelbesitzer überwiegend mit Zetteln zahlten und nur in geringem Umfang ihre Münzen zurückholten. Da die Zettelbanken im Besitz großer Mengen an Münzen waren, kamen sie auf die Idee, zusätzliche Zettel herzustellen und als Kredit zu vergeben, da ihre Münzen ausreichten, um den relativ geringen Forderungen auf Auszahlung von Münzen zu entsprechen. Die zusätzlich hergestellten Zettel waren losgelöst vom offiziellen Münzgeld und entstand ohne Arbeitsleistung. Wer jedoch einen Kredit auf der Grundlage des zusätzlich hergestellten Geldes erhielt, musste arbeiten, um Geld zu erhalten und um den Kredit zurückzahlen zu können. An diesem einfachen Beispiel zeigt sich, dass für das Geld, auch wenn es ohne Arbeitsleistung entstanden war, eine Arbeitsleistung erbracht werden musste und dass es einen Zusammenhang zwischen Geld und Arbeit gibt. Das Geld erfordert eine Arbeitsleistung, die entweder vor seiner Herstellung - Muschelsuche, Goldgewinnung - oder nach seiner Herstellung erbracht werden muss.

Mit den zusätzlichen Zetteln kam mehr Geld in Umlauf als Goldmünzen bei den Banken vorhanden waren. Das vorhandene Geld war nur zum Teil durch Goldmünzen gedeckt. Da meistens mit Zetteln bezahlt wurde, fiel dies nicht auf. Die Zettelbesitzer wussten von der Ausgabe der zusätzlichen Zettel nichts und glaubten, die Bank werde alle Zettel mit Münzen auszahlen können. Dieser Glaube war entscheidend, da er verhinderte, dass alle Zettelbesitzer die Auszahlung von Münzen verlangten und sich herausstellte, dass die Zettelbank hierzu nicht in der Lage war.

Die Ausgabe der zusätzlichen Zettel war ein entscheidender Schritt auf dem Weg zum heutigen reinen Papiergeldsystem. Geld entstand – und entsteht auch heute – vor allem durch Kreditvergabe der Banken.

Die Zettelbanken erhielten durch die Verleihung von zusätzlich hergestelltem Geld zusätzliche Zinsforderungen und konnten ihren Gewinn auf einfache Weise steigern. Einige Zettelbanken haben es mit der Herstellung von zusätzlichem Geld derart übertrieben, dass sie zu wenig Münzen hatten und die Forderungen auf Auszahlung von Münzen nicht erfüllen konnten, sodass sie zahlungsunfähig wurden.

Um Zahlungsunfähigkeiten vorzubeugen, wurde den Zentralbanken die Herstellung von Zettel untersagt. Die Befugnis zur Herstellung von Zetteln wurde zentralisiert und auf eine einzige Bank übertragen. Diese Bank war die Zentralbank. Die von ihr ausgestellten Zettel wurden als Banknoten bezeichnet, weshalb die Zentralbank auch Notenbank genannt wurde - und auch heute noch so genannt wird. Wenn eine Bank nun einen Kredit vergeben wollte, musste sie sich Banknoten von der Zentralbank besorgen, und zwar durch einen Kredit.

Die Zentralbank deckte ihre Banknoten mit Gold. Sie verpflichtete sich zur Auszahlung einer gewichtsmäßig bestimmten Menge Gold. Die Aufschrift auf einer 1.000 Mark Banknote aus dem Jahre 1910 lautete, dass die Reichsbankhauptkasse in Berlin dem Einlieferer der Banknote 1.000 Mark – eine bestimmte Menge Gold – zahlt. Die damalige Mark war eine goldgedeckte Währung.

Doch auch die Menge an Gold im Bestand der Zentralbank war geringer als die auf den Banknoten ausgewiesene Menge Gold. Die Banknoten waren nur zum Teil durch Gold gedeckt. Der Anteil der Golddeckung - die Golddeckungsquote – konnte leicht geändert werden. Bei hohen Staatsausgaben brauchte der Staat viel Geld, das die Zentralbank herstellte. Wenn die Zentralbank nicht über entsprechende Mengen an Gold verfügte, wurde die Golddeckungsquote reduziert. Auf diese Weise wurde der Vietnamkrieg in den 1960er Jahren durch die USA finanziert. Die Folge war, dass die USA die Golddeckung des Dollar nicht halten konnten und die Golddeckung 1971 völlig abschafften. Seither ist der Dollar und sind die meisten Währungen reine Papiergeldwährungen.

Die Zentralbank einer reinen Papiergeldwährung kann Banknoten ohne Gold und daher in beliebigem Umfang herstellen. Sie hat insofern eine machtvolle Stellung. Da sie nicht zur Auszahlung von Gold und somit dem Besitzer der Banknote zu nichts verpflichtet ist – auf den Euro-Banknoten befindet sich keine Verpflichtungserklärung - kann sie folglich nicht in die

Lage kommen, eine Verpflichtung nicht erfüllen zu können. Sie kann somit nicht zahlungsunfähig werden.

Wenn die Banknote keine Forderung verkörpert und somit nur ein Stück Papier ist, stellt sich die Frage, worin ihr Wert besteht. Bei der goldgedeckten Banknote hatte ihr Besitzer eine verbriefte Forderung auf Gold. Beim reinen Papiergeld bleibt ihm nicht anderes übrig als daran zu glauben, dass er mit der Banknote Güter kaufen kann. Der Wert der Banknote besteht im Glauben an die Kaufkraft. Die Kaufkraft setzt voraus, dass es Güter zu kaufen gibt. Güter können nur durch Arbeit entstehen. Kaufkraft kann es somit nur durch Arbeit geben. Je mehr Arbeit – geistige oder körperliche Arbeit - geleistet wird, um eine Banknote zu erhalten, umso höher ist ihre Kaufkraft. Auch hier zeigt sich wieder der Zusammenhang zwischen Geld und Arbeit. Der Zusammenhang sei durch eine einfache Überlegung verdeutlicht: Gäbe es Geld für alle gratis, würde niemand arbeiten. Da niemand arbeitet, würden keine Güter produziert. Für das Geld könnte man nichts kaufen, da es nichts zu kaufen gibt. Das Geld hätte keine Kaufkraft.

Der Wert des auf Glauben beruhenden Papiergeldes ist leichter zu erschüttern als das Geld, das auf Gold und damit auf erkennbar geleisteter Arbeit beruht. Um den Glauben an das Papiergeld zu erhalten, kaufen die Zentralbanken hin und wieder Gold, was aber wegen der relativ geringen Menge nur psychologisch-symbolische Bedeutung hat. Geht der Glaube an die Banknote verloren, akzeptiert der Verkäufer die Banknote nicht und er verkauft nichts. Es kann dann zum Rückfall in den archaischen Tauschhandel kommen wie nach dem zweiten Weltkrieg, als mit Waren bezahlt wurde, zum Beispiel mit Zigaretten (Zigarettenwährung).

In der Geschichte des Geldes gab es ein weiteres Mal etwas Entscheidendes: Das Buchgeld. In gleicher Weise wie der Besitzer der Goldmünze diese bei der Bank einzahlte und einen Zettel erhielt, zahlte der Besitzer die Banknote bei der Bank ein. Die Bank buchte die Einzahlung auf dem Girokonto - daher die Bezeichnung Buchgeld - und der Einzahlende erhielt einen Kontoauszug gleichsam als Quittung. Von dem Girokonto kann das Buchgeld auf andere Girokonten bei derselben Bank oder auf Girokonten bei anderen Banken übertragen werden, das heißt es kann über die Girokonten in Umlauf gebracht werden (giro ital. Umlauf), daher auch die Bezeichnung Giralgeld. Der Einzahlende konnte - und er kann es auch heute noch - zur Bank gehen, um die Auszahlung von Banknoten zu fordern so wie früher der Besitzer eines Zettels zur Zettelbank ging, um die Auszahlung von Goldmünzen zu fordern. Es wurde allgemein üblich, der Einfachheit halber mit Buchgeld zu zahlen, zunächst per Überweisungsformular oder per Scheck (Euroscheck), später per Karte, Computer und Smartphone. Wie die Zettel wurde das Buchgeld zum Zahlungsmittel und damit zu Geld.

Wie die früheren Zettelbanken, die zusätzliche Zettel herstellten, ohne im Besitz von Goldmünzen zu sein, kamen nun auch die Banken auf die Idee, zusätzliches Buchgeld durch Kreditvergabe herzustellen, ohne im Besitz von Banknoten zu sein. Die Banken vergaben – und tun dies auch heute – einen Kredit einfach dadurch, dass sie den Kreditbetrag auf dem Girokonto des Kreditnehmers buchen. Diese Art der Kreditvergabe wurde dadurch möglich, dass jeder ein Girokonto erhielt. Vorher gab es das Geld überwiegend als Banknote. Der Arbeiter erhielt seinen Lohn mit Banknoten in der Lohntüte und der Rentner Banknoten am Postschalter. Bei diesem Barzahlungssystem benötigten die Banken Banknoten und waren, um Kredite vergeben zu können, darauf angewiesen, dass es viele Sparer gab, die ihre Banknoten bei ihnen einzahlten. Sie propagierten das Sparen (Weltspartag). Sie waren Vermittler von Geld zwischen Sparer und Kreditnehmer (Finanzintermediäre). Dies ist heute anders. Die Banken benötigen die Banknoten der Sparer nicht, da sie das für die Kreditvergabe benötige Geld als Buchgeld selbst herstellen. Dieses gleichsam aus dem Nichts hergestellte Geld wird auch Fiat-Geld genannt – eine Anspielung auf die biblische Schöpfungsgeschichte, wonach Gott die Welt erschuf indem er sprach: Es werde!, lateinisch Fiat! Dadurch dass die Banken das Geld selbst herstellen können, ist eine Situation entstanden wie sie zur Zeit der Zettelbanken vor der Einrichtung der Zentralbank bestand, in der die Zettelbanken das Geld herstellten.

Die Banken sind, da sie das Geld selbst herstellen können, relativ unabhängig von der Zentralbank. Sie bestimmen durch die Geldherstellung im wesentlichen die Geldmenge. Damit ist wieder – wie bei den Zettelbanken - die Gefahr entstanden, dass eine Bank zahlungsunfähig wird, wenn sie, ohne im Besitz von Banknoten zu sein, zu hohe Mengen an Buchgeld herstellt und von ihr die Auszahlung großer Mengen an Banknoten verlangt wird.

Um der Gefahr der Zahlungsunfähigkeit einer Bank vorzubeugen wäre es denkbar, die Banken zu verpflichten, für das bei ihr vorhandene Buchgeld die entsprechende Menge an Banknoten vorzuhalten. Das Buchgeld wäre durch Banknoten voll gedeckt. Es wäre „Vollgeld". Ein solches „Vollgeld" wird angesichts der Finanzkrise 2008 gefordert. Zwar sind die Banken verpflichtet, eine Mindestreserve an Banknoten oder als Gutschrift auf ihrem Konto bei der Zentralbank zu halten. Die Gutschrift ist gleichbedeutend mit Banknoten, da die Zentralbank die Gutschrift jederzeit in Banknoten umtauschen kann. Die Mindestreserve ist jedoch recht gering Um die Zahlungsunfähigkeit der Banken zu vermeiden, ist die Kreditvergabe durch bestimmte Anforderungen an das Eigenkapital der Banken begrenzt (Bankenregulierung nach Basel I bis IV).

Wie früher die Goldmünze und das Zettelgeld gibt es wieder zwei Arten von Geld: Das Bargeld – früher die Goldmünze - und das Buchgeld - früher der Zettel. Das Bargeld bedeutet den unmittelbaren physischen Besitz von Banknoten, während das Buchgeld eine Forderung gegen die Bank auf Banknoten beinhaltet. Der Besitz einer Sache ist etwas anderes als eine Forderung auf eine Sache. Der unmittelbare Besitz ist im Ernstfall sicherer als eine Forderung, von der nicht sicher ist, ob sie erfüllt wird. Eine Forderung gegen die Bank nutzt nichts, wenn die Bank pleite geht und die Bank keine Banknoten auszahlen kann. Zeichnet sich eine Bankenpleite ab, verlangen die Menschen die Auszahlung von Banknoten und es kommt zu einem Run auf die Bank.

Es gibt Bestrebungen, das Bargeld abzuschaffen. Über die wahren Hintergründe dieser Bestrebungen kann man nur Vermutungen anstellen. Denkbar ist, dass die Banken ein Interesse an der Abschaffung haben, weil ihre Stellung im Geldsystem aufgewertet würde. Das Geld wäre voll in der Hand der Banken und damit voll privatisiert. Geld gäbe es nicht mehr als Banknoten der Zentralbank, die in Deutschland ein staatliche Institution ist. Auch der Staat könnte ein Interesse an der Abschaffung haben, um Schwarzarbeit und Geldwäsche zu bekämpfen. Allerdings ist die Geldwäsche auch mit Buchgeld möglich, wie die Erfahrung gezeigt hat. Ferner könnte der Zweck der Abschaffung sein, etwa für den Fall einer Finanzkrise, auf das Geld leicht zugreifen und Konten sperren zu können. Auch lässt sich Buchgeld leicht mit negativen Zinsen belasten. Als Pro-Argument wird die Digitalisierung angeführt, der man sich auch beim Geld nicht verschließen könne. Dabei darf nicht übersehen werden, dass Technik immer auch eine Kehrseite hat. Es kann, beabsichtigt oder unbeabsichtigt, zu Störungen im Internet kommen, sodass der Geldbesitzer, wenn er schnell handeln muss, daran gehindert ist. Man denke nur an einen Stromausfall. Zu bedenken ist nicht zuletzt, dass der Geldbesitzer zum gläsernen Geldbesitzer wird, wobei sich die Frage stellt, ob dies noch mit dem Grundrecht der informellen Selbstbestimmung vereinbar wäre.

Im Hinblick auf die Digitalisierung und die Digitalwährungen gibt es Überlegungen, die Banknote als digitales Geld herzustellen. Dies wäre nur möglich, indem der Geldbesitzer – wie bei der Banknote – einen Bezug zur Zentralbank erhält. Dieser Bezug wäre ein Konto bei der Zentralbank. Geldüberweisungen würden durch Umbuchung auf den Girokonten der Zentralbank erfolgen. Der Unterschied zwischen Bargeld und Buchgeld wäre aufgehoben. Die digitale Banknote wäre Buchgeld bei der Zentralbank. Der Geldbesitzer hätte, wenn es keine Banknoten mehr gäbe, nicht mehr die Möglichkeit, sich den unmittelbaren Besitz seines Geldes zu verschaffen, um sich einem Zugriff seitens der Zentralbank oder des Staates zu entziehen.

3. Das Geld und der Staat

Der Staat ist für die Ordnung und die Sicherheit des Geldwesens verantwortlich. Er legt die Währung fest – in Deutschland war dies früher die Deutsche Mark, heute ist es der Euro – und bestimmt, was das gesetzliche Zahlungsmittel ist. Neben der Banknote als gesetzlichem Zahlungsmittel gibt es noch andere Zahlungsmittel, etwa den Scheck oder den Wechsel. Der Gläubiger muss einen Scheck oder einen Wechsel nicht akzeptieren. Er muss lediglich das gesetzliche Zahlungsmittel akzeptieren.

Der Staat – bei einer Währungsunion die Staatengemeinschaft – legt die Aufgaben der Zentralbank fest. In Deutschland ist die Zentralbank – die Bundesbank – eine staatliche Institution. Die Aufgabe der Zentralbank ist die Sicherung des Geldwertes. In den USA hat die Zentralbank – das Federal Reserve System - zusätzlich die Aufgabe, für Vollbeschäftigung, stabile Preise und moderate langfristige Zinsen zu sorgen[1].

Die Währung spiegelt die Kaufkraft und somit die Arbeitsleistungen der Menschen wider. Die Arbeitsleistungen sind abhängig von der Politik des Staates, der die Voraussetzungen für hohe Leistungen und eine hohe Leistungsbereitschaft schaffen muss. Diese Voraussetzungen sind zum Beispiel niedrige Steuern, gute Bildungs- und Forschungseinrichtungen, eine gute Verkehrsinfrastruktur, die Unternehmen anzieht. Ein Staat, der Leistung honoriert und in dem hohe Leistungen erbracht werden, hat eine hoch bewertete Währung. Hohe Leistungen führen zu hohen Steuereinnahmen und zu einem soliden Staatshaushalt, was dem Ansehen des Staates dienlich ist.

Sozialleistungen und Subventionen haben ihre Berechtigung. Sie vermitteln Sicherheit, die eine Grundlage der Leistungsbereitschaft ist. Dabei darf nicht übersehen werden, dass das Geld, das die Empfänger von Sozialleistungen und Subventionen erhalten, von anderen erarbeitet werden muss. Zu hohe Sozialleistungen und Subventionen können die Eigeninitiative schwächen und somit die Leistungsbereitschaft. Die soziale Marktwirtschaft postuliert denn auch einerseits den freien Markt, in dem Leistung zählt und andererseits die soziale Absicherung, was die Politik vor die schwierige Aufgabe stellt, einen Ausgleich zu finden.

---

1 www.federalreserve.gov – About the FED – Purposes and Functions

Der heutige moderne Leistungsstaat benötigt viel Geld. Es besteht die Gefahr, dass das Geld aus Steuereinnahmen nicht ausreicht und der Staat die Zentralbank anweist, Banknoten herzustellen und sie ihm auszuhändigen. Wenn er das Geld an Empfänger von Sozialleistungen und Subventionen weitergibt, muss für dieses Geld keine Arbeit geleistet werden. Dieses Geld hat keine Kaufkraft und ist wertlos. Der Geldwert insgesamt sinkt. Um dies zu vermeiden, ist es der Zentralbank untersagt, die Ausgaben des Staates zu finanzieren. Die Zentralbank darf dem Staat kein Geld zur Verfügung stellen, weder unentgeltlich noch als Kredit. Auch bei einem Kredit besteht die Gefahr, dass der Kredit immer wieder prolongiert und nie zurückgezahlt würde. Zulässig ist aber, dass der Staat – wie jeder andere - bei einer Bank einen Kredit aufnimmt. Um eine Staatsfinanzierung durch die Zentralbank zu unterbinden, wurde in vielen Staaten festgelegt, dass die Zentralbank unabhängig und nicht den Weisungen der Regierung unterworfen ist, sodass die Regierung die Zentralbank nicht anweisen kann, ihr Geld zur Verfügung zu stellen.

In den vergangenen Jahren haben die amerikanische Zentralbank und die Europäische Zentralbank - EZB – hohe Mengen an Zentralbankgeld zur Förderung der Wirtschaft bereitgestellt. Die Förderung der Wirtschaft ist eine Aufgabe des Staates, der durch Gesetz die notwendigen Voraussetzungen schaffen kann, wie das deutsche Gesetz zur Förderung der Stabilität und des Wachstums der Wirtschaft von 1967 zeigt. Dass die Regierungen inzwischen den Übergriff der Zentralbank in ihren Aufgabenbereich akzeptieren, ist verständlich, da ihnen schwierige und unter Umständen unangenehme Entscheidungen (Kürzung der Ausgaben, Erhöhung der Steuern) erspart bleiben. Dies widerspricht der Aufgabe der Zentralbank, die ein Gegenspieler der Regierung sein muss und nicht dem Staat die Geldprobleme abnehmen darf. Als Gegenspieler verstanden sich die Präsidenten der Bundesbank zur Zeit der Deutschen Mark. Nur dem Geldwert verpflichtet zwangen sie mit ihrer Unnachgiebigkeit die Regierung zu einer soliden Finanzpolitik, deren Umsetzung schwierig ist und die Anfang der 1970er Jahre zum Rücktritt von Finanzministern wegen - aus heutiger Sicht - geringfügigen Finanzlücken führte. Der Erfolg der Deutschen Mark ist zu einem erheblichen Teil der harten Haltung der Bundesbank geschuldet. Die heutigen Zentralbanken spielen sich demgegenüber als Institutionen auf, die alle Finanzprobleme mit leichter Hand lösen können. Sie spielen die Rolle des „Master of the Universe" - des Beherrschers des Universums.

Die Zentralbank stellt eine Bilanz auf. Auf der Aktivseite werden die Vermögenswerte verbucht, zum Beispiel die Forderungen gegen die Banken auf Rückzahlung von Krediten. Auf der Passivseite stehen die Schulden sowie das aus dem Nichts hergestellte Geld. Die Buchung der Geldherstellung auf der Passivseite ist dadurch zu erklären, dass das von der Zentralbank hergestellte Geld ursprünglich eine Verschuldung begründete, und zwar die Verpflichtung zur Auszahlung von Gold.

Die Zentralbank macht zuweilen hohe Gewinne, z.B. aus Zinsforderungen gegen die Banken. Einen Teil der Gewinne führt sie an den Staat ab, sodass der Staat Geld von der Zentralbank erhält. Die Zentralbank ist auf Gewinne nicht angewiesen. Selbst hohe Verluste beeinträchtigen ihre Funktionsfähigkeit nicht. Allerdings würden hohe Verluste ihr Ansehen beeinträchtigen. Die Menschen würden den Glauben an die Zentralbank und an das Geld verlieren.

Der Nobelpreisträger von Hayek meinte, Geld sei keine Sache des Staates, sondern des Marktes. Es sollten mehrere Währungen zugelassen werden. Der Markt werde dafür sorgen, dass sich die beste Währung durchsetzt. Voraussichtlich sei dies eine goldgedeckte Währung[2] - eine Währung also, die auf Arbeit beruht.

Die Auffassung, Geld sollte unabhängig vom Staat sein, gewinnt durch den Bitcoin - und andere Kryptowährungen - an Aktualität. Der Bitcoin ist eine globale, staatenlose und auf Arbeitsleistung beruhende Währung. Sein Symbol ist die Goldmünze.

Im folgenden Kapitel werde ich den Bitcoin behandeln. Dieses Kapitel ist zum Verständnis der weiteren Kapitel nicht erforderlich, sodass es überschlagen werden kann. Der Bitcoin ist wegen der Blockchain (Blockkette), die auch anderweitig eingesetzt werden kann, interessant.

---

2   Siehe Polleit, Hayek und die Privatisierung des Geldes https://www.misesde.org/?p=1390

4. Der Bitcoin

Der Bitcoin entsteht – wie bei der Goldmünze – durch eine zu erbringende Leistung, die als Proof of Work (Arbeitsnachweis) bezeichnet wird. Die Idee des Bitcoin entstand während der Finanzkrise 2008, die ersten Bitcoins gab es 2009.

Das Entscheidende des Bitcoin ist, dass er Geld ohne Zentralbank, ohne Bank und ohne Staat ist. Die Menge an Bitcoins ist begrenzt. Der Bitcoin wird irgendwann knapp, sodass sein Preis – entsprechend dem Gesetz von Angebot und Nachfrage – steigt. Die zu erwartende Knappheit mag seinen hohen Kurs, der 2017 auf 20.000 $ stieg, erklären.

Der Bitcoin ist in einem White Paper, dessen Verfasser ein gewisser Satoshi Nakamoto[3] ist, beschrieben. Die Geldüberweisung erfolgt direkt vom Zahlenden zum Zahlungsempfänger, von Gleich zu Gleich (engl. Peer-to-Peer) ohne die Zwischenschaltung einer Bank. Der Bitcoin ist rein digitales Geld, bestehend aus digitalen Zeichen. Ihn gibt es nur auf dem Computer. Im Hinblick auf die Sicherheit hat Satoshi Nakamoto ein kompliziertes, auf Kryptografie beruhendes System entwickelt.

Bitcoins werden bei einer Geldüberweisung hergestellt. Im Gegensatz zum konventionellen reinen Papiergeldsystem, bei dem eine Bank das Geld einfach durch eine Eintragung auf einem Girokonto herstellt, erfordert die Herstellung von Bitcoins - wie die Herstellung von Goldmünzen - eine hohe Leistung. Die Leistung ist von den sogenannten Schürfern, die die Geldüberweisung durchführen und dabei Bitcoins herstellen bzw. schürfen, zu erbringen. Für Schürfer wird meistens der englische Begriff Miner (Bergmann) verwendet. Der Miner symbolisiert den Arbeiter in der Goldmine.

Der Miner erhält, wenn er eine Überweisung erfolgreich durchgeführt hat, Bitcoins als Belohnung. In gleicher Weise wie die Goldgewinnung mit zunehmender Ausbeutung der Goldmine abnimmt, nimmt auch die Möglichkeit der Herstellung neuer Bitcoins im Laufe der Zeit ab, indem die Entlohnung der Miner nach und nach reduziert wird. Irgendwann gibt es keine neuen Bitcoins mehr. Die Höchstmenge an Bitcoins liegt bei 21 Millionen.

---

3   https://www.bitcoin.de/de/bitcoin-whitepaper-deutsch

Der Miner hat somit eine doppelte Funktion: Die Durchführung von Überweisungen und die Geldherstellung. Das Bitcoin-Netz ist ein öffentliches Netz. Im Prinzip kann jeder Zugang zu diesem Netz erhalten und sich als Miner betätigen.

Die Geldüberweisung bzw. das Schürfen von Bitcoins ist ein komplizierter Vorgang. Um ihn im Prinzip zu verstehen, muss man wissen, was eine asymmetrische Verschlüsselung und was ein Hash ist.

Exkurs:
Die Asymmetrische Verschlüsselung:
Bei dieser Verschlüsselungstechnik gibt es zwei Schlüssel, die nur zusammen funktionieren. Mi dem ersten Schlüssel kann die Nachricht nur kodiert werden und mit dem zweiten Schlüssel kann sie nur dekodiert werden. Im Bitcoin-System hat jeder Teilnehmer zwei solcher Schlüssel. Der erste Schlüssel ist privat und geheim, der andere ist allgemein bekannt bzw. öffentlich.

Der Hash:
Ein Hash ist das Ergebnis einer mathematischen Funktion. Der Eingabewert, das ist der Wert, der in die Hashfunktion eingegeben wird, besteht aus einer beliebigen Anzahl von Zeichen. Der Ausgabewert hat unabhängig von der Länge des Eingabewertes immer die gleiche Anzahl von Zeichen. Das Entscheidende ist, dass man, auch wenn man den Ausgabewert und die mathematische Funktion kennt, nicht auf den Eingabewert zurückrechnen kann. Man kann den Eingabewert nur durch Ausprobieren finden, indem man immer wieder einen anderen Eingabewert einsetzt, was je nach Schwierigkeit der Hashfunktion unzählige Versuche erfordern kann.
Ein einfaches Beispiel für eine Hashfunktion ist die Quersumme einer Zahl: Der Eingabewert sei 6780. Der Ausgabewert ist 21 (Quersumme: 6+7+8+0). Vom Ausgabewert 21 kann man nicht, obwohl die mathematische Funktion (Quersumme) bekannt ist, auf den Eingabewert 6780 zurückrechnen. Als Eingabewert kommen unzählige Möglichkeiten in Frage, zum Beispiel 67221111 oder 6000078. Das Bitcoin-System arbeitet mit der hochkomplizierten Hashfunktion SHA 256, bei der es nur einen einzigen möglichen zu suchenden Eingabewert gibt.

Die Überweisung von Bitcoins erfolgt in der Weise, dass der Zahlende seine Bitcoins an den Zahlungsempfänger weiterleitet. Der Zahlende nutzt den öffentlichen Schlüssel des Zahlungsempfängers. Der Zahlungsempfänger kann mit Hilfe seines privaten Schlüssels die Überweisung dekodieren und ihren Inhalt lesbar machen. Außerdem signiert der Zahlende die Überweisung digital mit seinem privaten Schlüssel. Der Zahlungsempfänger prüft

14

mit dem öffentlichen Schlüssel des Zahlenden, ob beide Schlüssel – der private und öffentliche Schlüssel des Zahlenden - korrespondieren. Ist dies der Fall, steht die Echtheit und Unverfälschtheit der Überweisung fest.

Die vorbereitete Überweisung wird ins Bitcoin-Netz gegeben. Dort wird sie von den anderen Minern auf Plausibilität überprüft. Die Miner führen die Überweisung nicht einzeln aus, sondern blockweise. Jeder Miner sammelt ca. 1.000 Überweisungen und stellt sie in seinen Block ein. Sodann gilt es, den Block an die Blockchain anzuschließen. Die Blockchain ist eine riesige Datei, in der alle Überweisungen gespeichert werden. Bevor ein Miner seinen Block an die Blockchain anschließen kann, muss er den Proof of Work erbringen. Der Miner, der den Proof of Work als erster erbringt, darf seinen Block an die Blockchain anschließen. Damit hat er die Überweisungen ausgeführt und erhält die Belohnung. Diese war anfangs 50 Bitcoin und wird nach jeweils 210.000 Blöcken halbiert. In 2020 betrug sie nur noch 6,25 Bitcoin.

Der Proof of Work ist eine komplizierte Sache. Er besteht darin, dass der Miner den Eingabewert zu dem vom Bitcoin-System vorgegeben Ausgabewert finden muss. Der vom Bitcoin-System vorgegebene Ausgabewert hat am Anfang eine bestimmte Anzahl von Nullen. Der Eingabewert besteht aus drei Elementen:

a) dem Root Hash – ist bekannt
b) dem Previous Hash – ist bekannt
c) der Nonce –ist unbekannt

zu a)
Der Root Hash wird vom Miner während der Erstellung seines Blocks gebildet. Der Miner hasht die gesammelten Überweisungen jeweils zu zweit. Die entstehenden Hashs hasht er wiederum jeweils zu zweit. Das paarweise Hashen der Hashs erfolgt so lange, bis nur noch e i n Hash übrig bleibt. Dieser Hash ist der Root Hash.

zu b)
Der Previous Hash ist der Hash, der vom vorhergehenden erfolgreichen Miner erstellt wurde.

Zu c)
Eine Nonce ist ein Platzhalter für eine Zahl, die ausgetauscht werden kann.

Zeichnerische Darstellung aus dem White Paper Ziff. 7);

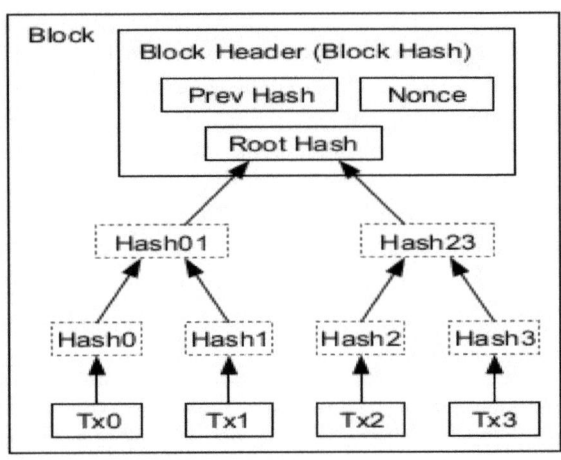

Der Miner muss die Zahl in der Nonce immer wieder austauschen und danach jeweils den Root Hash, den Previous Hash, und die neue Zahl der Nonce in die Hashfunktion eingeben. Ist die neu eingesetzte Zahl die richtige, ist das Ergebnis der vorgegebene Ausgabewert. Der Proof of Work ist erbracht.

Dass ein Miner die richtige Zahl der Nonce schnell findet, ist ausgeschlossen. Er muss immer wieder, und zwar millionenfach, die Zahl der Nonce austauschen und die drei Elemente in die Hashfunktion eingeben. Die millionenfachen Versuche erfordert hohe Computerleistungen. Je mehr Computerleistung eingesetzt wird, umso schneller kann die Zahl gefunden werden.

Je mehr Nullen vom Bitcoin-System an den Anfang des Ausgabewertes gesetzt werden, umso schwieriger ist es, die richtige Zahl zu finden. Die Anzahl der Nullen wird nach jeweils 2016 Blöcken geändert. Die Dauer der Suche nach der richtigen Zahl soll ca. 10 Minuten betragen. Ist die Anzahl der Nullen zu hoch, dauert es zu lange, bis die richtig Zahl gefunden wird und damit dauert die Geldüberweisung zu lange. Die Anzahl der Nullen und damit die Schwierigkeit (Difficulty) wird in diesem Fall reduziert. Wird die Zahl zu schnell gefunden, wird die Schwierigkeit erhöht, damit nicht zu viel Geld in kurzer Zeit hergestellt wird, was den Bitcoin entwerten würde.

Hat der Miner die Zahl gefunden, gibt er sie im Bitcoin-Netz bekannt. Die anderen konkurrierenden Miner prüfen das Ergebnis, indem sie den Root Hash, den Previous Hash und die gefundene Zahl in die Hashfunktion eingeben. Nach kurzer Zeit führt diese Eingabe zu dem Ausgabewert. Die anderen Miner bestätigen, dass der erfolgreiche Miner den Proof of Work erbracht hat.

Der erfolgreiche Miner schließt seinen Block an die Blockchain an. Über den Previous Hash, der in jedem Block enthalten ist, sind alle Blöcke untrennbar miteinander verkettet - daher die Bezeichnung Blockkette bzw. Blockchain. Würde ein älterer Block – eine Überweisung – durch einen Fälscher verändert, würde sich die Veränderung auf den Root Hash und dadurch auf die nachfolgenden Blöcke auswirken. Damit die Veränderung unentdeckt bleibt, müsste der Fälscher mit der Veränderung eine neue Blockchain beginnen. Sind mehrere Blockchains vorhanden, gilt die längere als die gültige. Damit die neue gefälschte Blockchain zur längeren wird, müssten der Fälscher und die an der neuen Blockchain arbeitenden Miner so schnell sein, dass sie die redlichen Miner, die an der alten Blockchain weiterarbeiten, überholen. Sie müssten superschnelle Computer einsetzen. Diese Computer gibt es noch nicht. Gäbe es sie, würden auch die redlichen Miner sie einsetzen. Eine Fälschung der Blockchain ist daher praktisch ausgeschlossen.

Da die Entlohnung für die erfolgreich durchgeführte Überweisung kontinuierlich abnimmt, lohnt sich der Aufwand – hohe Computerleistung und hoher Stromverbrauch - nur dann, wenn die Bitcoin einen hohen Wert haben. Bei sinkendem Wert wird das Interesse an der Herstellung von Bitcoins abnehmen.

5. Die Geldüberweisung und das europäische TARGET 2

Bargeld wird durch Übergabe von Banknoten übertragen. Die Übertragung von Buchgeld ist komplizierter. Erfolgt die Überweisung innerhalb der Staaten der Eurozone, kommt das TARGET 2 (Trans-European Automated Realtime Gross Settlement Express Transfer System) ins Spiel.

Haben Zahlender und Zahlungsempfänger ihre Girokonten bei derselben Bank, erfolgt die Übertragung durch Umbuchung. Die Bank bucht, sagen wir 1.000 €, vom Konto des Zahlenden ab und und schreibt dem Konto des Zahlungsempfängers 1.000 € gut.

Wenn Zahlender und Zahlungsempfänger Girokonten bei verschiedenen Banken haben, der Zahlende hat ein Girokonto bei der Z-Bank und der Zahlungsempfänger bei der ZE-Bank, dann bucht die Z-Bank 1.000 € vom Konto des Zahlenden ab und die ZE-Bank schreibt dem Zahlungsempfänger 1.000 € gut. Die Z-Bank wird von ihrer Verpflichtung, an den Zahlenden 1.000 € Banknoten auszuzahlen, befreit und hat dadurch einen Vorteil. Auf der anderen Seite ist die ZE-Bank nun verpflichtet, dem Zahlungsempfänger 1.000 € Banknoten auszuzahlen. Sie hat einen Nachteil. Es muss ein Ausgleich zwischen der Z-Bank und der ZE-Bank erfolgen. Den Vorteil, den die Z-Bank hat, muss sie durch Zahlung von 1.000 € an die ZE-Bank ausgleichen. Die Zahlung erfolgt nicht durch Übergabe von Banknoten – was möglich wäre -, sondern dadurch, dass 1.000 € vom Zentralbankkonto der Z-Bank abgebucht und 1.000 € dem Zentralbankkonto der ZE-Bank gutgeschrieben werden. Zahlungen der Banken untereinander erfolgen über ihre Zentralbankkonten.

Damit eine Bank an eine andere zahlen kann, benötigt sie eine Gutschrift auf ihrem Zentralbankkonto. Die Gutschrift erhält sie zum Beispiel durch einen Kredit der Zentralbank. Die Gutschrift auf dem Zentralbankkonto ist das Geld bzw. das Zahlungsmittel der Banken untereinander. Da dieses Zahlungsmittel nur von den Banken – im Prinzip nur die Banken haben ein Zentralbankkonto und damit Zugang zur Zentralbank -, nicht aber im allgemeinen Geschäftsverkehr genutzt werden kann, sollte man es nicht als Geld bzw. Buchgeld bezeichnen, sondern als Zentralbankgeld bzw. Zentralbankbuchgeld. Im folgenden unterscheide ich daher zwischen Geld und Zentralbankgeld.

18

Eine Buchgeldüberweisung erfolgt somit auf zwei Ebenen: Auf der Ebene der Zentralbank und auf der Ebene der Banken.

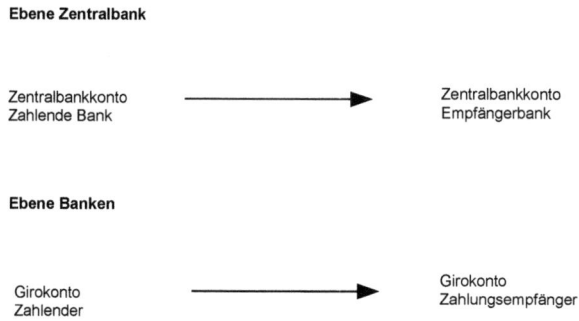

Ebene Zentralbank

Zentralbankkonto
Zahlende Bank

Zentralbankkonto
Empfängerbank

Ebene Banken

Girokonto
Zahlender

Girokonto
Zahlungsempfänger

Die Banken stehen in laufenden gegenseitigen Geschäftsbeziehungen. Buchgeldüberweisungen erfolgen von einer Bank zur anderen und umgekehrt. Dadurch entstehen gegenseitige Forderungen der Banken. Es bietet sich an, diese Forderungen nicht in jedem einzelnen Fall durch Zahlung mit Zentralbankgeld auszugleichen, sondern zu verrechnen. Die Erfassung und Verrechnung bzw. Saldierung der gegenseitigen Forderungen erfolgt über das Clearing. Im nachstehenden zeichnerisch dargestellten Beispiel haben die Banken per Saldo folgende Forderungen: Die A-Bank hat eine Forderung gegen die B-Bank und die C-Bank hat eine Forderungen gegen die A-Bank sowie gegen die B-Bank.

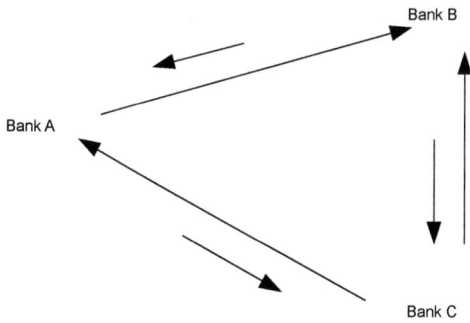

Bank B

Bank A

Bank C

Nach der Verrechnung benötigen die Banken, für die sich ein negativer Saldo ergibt, Zentralbankbuchgeld nur in Höhe des negativen Saldos.

Kommen wir zur Überweisung beim TARGET 2. Um sie besser zu verstehen, sehen wir uns zunächst an, wie eine Überweisung von 1.000 € in ein Land mit einer anderen Währung, zum Beispiel in die USA, vor sich geht. Nehmen wir an, der Zahlende ist Deutscher und hat sein Konto bei der Z-Bank DE, der Zahlungsempfänger ist Amerikaner und hat sein Konto bei der in Amerika ansässigen ZE-Bank USA. Beide Banken stehen in geschäftlichen Verbindungen. Sie sind Korrespondenzbanken. Sie haben sich gegenseitig Konten eingerichtet, sodass die deutsche Z-Bank DE ein Konto mit Dollar-Buchgeld und die amerikanische ZE-Bank USA ein Konto mit Euro-Buchgeld hat.

Die Zahlung erfolgt dadurch, dass die Z-Bank DE auf dem Girokonto der ZE-Bank USA 1.000 € bucht und die ZE-Bank USA den Gegenwert von, sagen wir 1.100 $, auf dem Konto der Z-Bank DE. Die Z-Bank DE hat nun 1.100 $ Dollar Buchgeld, das an den amerikanischen Zahlungsempfänger übertragen werden kann. Beide Banken benötigen ihre jeweilige nationale Zentralbank Sie müssen in der Lage sein, auf Anforderung Banknoten auszuzahlen und sie benötigen Zentralbankgeld wegen der Mindestreserve. Die Zentralbanken sind bei einer Überweisung von Geld in ein Land mit einer anderen Währung mit im Spiel.

Wie ist es nun beim TARGET 2?
Nehmen wir an, der Zahlende ist Italiener und hat sein Girokonto bei der italienischen Z-Bank IT. Der deutsche Zahlungsempfänger hat sein Girokonto bei der deutschen ZE-Bank DE. Vom Konto des Zahlenden werden 1.000 € abgebucht und - in Echtzeit - werden dem Konto des Zahlungsempfängers 1.000 € gutgeschrieben. Die ZE-Bank DE ist nun verpflichtet, auf Anforderung dem Zahlungsempfänger 1.000 € Banknoten auszuzahlen, während die Z-Bank IT von der Verpflichtung zur Auszahlung von Banknoten befreit wurde. Die Verpflichtung der ZE-Bank DE muss ausgeglichen werden. Dies erfolgt durch die deutsche Zentralbank. Von dieser erhält die ZE-Bank DE auf ihrem Zentralbankkonto eine Gutschrift von 1.000 €.

Nun hat die deutsche Zentralbank einen Nachteil. Sie verbucht die 1.000 € Zentralbankgeld für die ZE-Bank DE auf der negativen Seite ihrer Bilanz.

Bei der italienischen Zentralbank ist es umgekehrt. Da die Z-Bank IT kein Zentralbankgeld mehr benötigt, werden von ihrem Zentralbankkonto 1.000 € abgebucht, sodass die Passivseite der Bilanz der italienischen Zentralbank entlastet wird. Der Vorteil der italienischen Zentralbank – Verringerung der Passiva - und der Nachteil der deutschen Zentralbank – Erhöhung der Passiva - müssen ausgeglichen werden. Die deutsche Zentralbank erhält eine Ausgleichsforderung gegen die italienische Zentralbank. Die italienische Zentralbank könnte die Forderung erfüllen, indem sie 1.000 € Banknoten an die deutsche Zentralbank überbringt. Dies geschieht nicht. Die Ausgleichsforderung gegen die italienische Zentralbank bleibt bestehen. Durch Überweisungen in umgekehrter Richtung von Deutschland nach Italien erhält die italienische Zentralbank ihrerseits Forderungen gegen die deutsche Zentralbank. Die Forderungen der deutschen und der italienischen Zentralbank werden auf die EZB übertragen und dort wie beim Clearing verrechnet. Dabei entstehen mehr oder weniger hohe Salden. Diese Salden sind die berühmt-berüchtigten Targetsalden.

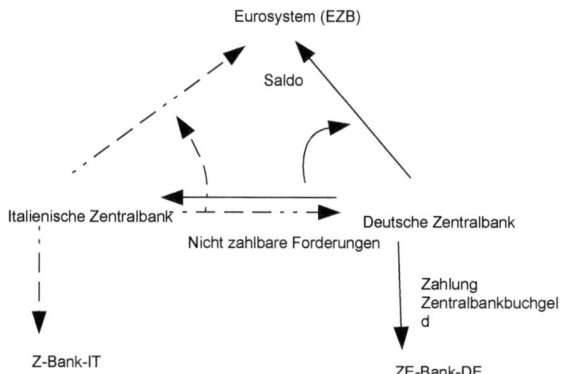

Für die Zentralbanken der Eurostaaten, in die mehr Geld überwiesen wird als umgekehrt, ergeben sich positive Targetsalden, so für die deutsche Zentralbank. Die Ursache für hohe Targetsalden können hohe Exportüberschüsse und somit hohe Zahlungen aus anderen Eurostaaten sein. Ursache kann auch sein, dass Ausländer ihr Geld in einen anderen Eurostaat überweisen, weil sie ihr Geld dort für sicherer halten. Die deutsche Zentralbank verzeichnete in 2020 positive Targetsalden in Höhe von 1 Billion €.

Die hohen Targetsalden haben, solange die Währungsunion besteht, keine Auswirkungen. Die deutsche Zentralbank bucht die Forderung gegen die EZB auf der Aktivseite ihrer Bilanz als sonstige Forderungen innerhalb des Eurosystems (Siehe Geschäftsbericht Deutsche Bundesbank 2019, S. 42). Durch die Buchung ist ihre Bilanz ausgeglichen und sie hat keine Verluste. Die Bundesbank macht die üblichen hohen Gewinne und führt einen Teil dieser Gewinne an den deutschen Staat ab. Einnahmeausfälle für den deutschen Staat entstehen durch die Targetsalden nicht.

Im Falle der Beendigung der Währungsunion werden hohe Targetsalden allerdings zum Problem. Die Salden bei der EZB müssen aufgelöst werden. Die EZB führt den Ausgleich der bestehenden Salden durch und fordert Zahlung von den nationalen Zentralbanken mit negativen Saldo. Die Zentralbanken zahlen, da es den Euro nicht mehr gibt, in ihren neuen nationalen Währungen, die italienische Zentralbank zum Beispiel in der neuen Lira. Die Zahlung erfolgt in der Weise, dass die nationalen Zentralbanken der EZB ein Konto einrichten, auf diesem die negativen Salden in nationaler Währung buchen und die EZB diese Gutschrift an die nationalen Zentralbanken mit positiven Salden abtritt. Die nationalen Zentralbanken mit positiven Salden erhalten Devisen auf den Konten anderer Zentralbanken, zum Beispiel italienische Lire.

Der Kurs der neuen Devisen könnte im Zeitpunkt der Zahlung derselbe sein wie bei der Einführung des Euro. Kurze Zeit nach der Zahlung werden die Kurse sich ändern. Sollte die deutsche Zentralbank zum Beispiel Lire erhalten und sollte der Kurs der Lira einbrechen, könnte die deutsche Zentralbank als Gegenwert für die Lire in ihrer Bilanz nur einen stark reduzierten Betrag in neuer Deutscher Mark verbuchen, was zu starken Verlusten führen würde. Hohe Verluste könnten ihre Bilanz über Jahre so sehr belasten, dass sie über Jahre keine Gewinne ausweisen und an den deutschen Staat abführen könnte. Der deutsche Staat hätte hohe Einnahmeausfälle, die durch Steuererhöhungen und Ausgabekürzungen ausgeglichen werden müssten. Der deutsche Staat muss insofern ein großes Interesse am Bestand der Währungsunion haben.

6. Der Zins

Der Zins ist der Preis für die Überlassung einer Sache oder von Geld für eine begrenzte Zeit. Der Vermieter einer Wohnung erhält einen Mietzins. Es versteht sich von selbst, dass der Mietzins nicht negativ sein kann, was bedeuten würde, dass der Vermieter dem Mieter auch noch etwas zahlen müsste. Niemand würde unter dieser Voraussetzung eine Wohnung vermieten. Einen negativen Mietzins kann es ebenso wenig geben wie einen negativen Preis, der dazu führen würde, dass ein Unternehmen keine Gewinne machen könnte. Die Folge wäre, dass keine Güter produziert würden. Das wirtschaftliche Handeln ist auf Gewinnerzielung angelegt. Die Preise können nicht negativ sein. Sie dürfen nicht einmal sinken. Sinkende Preise - als Deflation bezeichnet - führen zu einer Reduzierung der wirtschaftlichen Aktivitäten und im schlimmsten Fall zur Einstellung aller wirtschaftlichen Aktivitäten. Sie stellen daher eine große Gefahr dar.

Negative Preise stehen in Widerspruch zum Wirtschaftssystem. Sie sind von vornherein ausgeschlossen. Es gibt daher auch keinen negativen Preis für das Geld, den Zins. Wer Geld verleiht, will einen Gewinn machen, sonst würde er kein Geld verleihen. Geld hat Kaufkraft, diese beruht auf einer positiven Arbeitsleistung. Folglich ist auch der Preis für das Geld positiv.

Das Thema der negativen Zinsen wird uns später noch ausführlich beschäftigen. Vorweg sei gesagt, dass von einem negativen Zins nur in Bezug auf einen Kredit die Rede sein kann. Die Gutschrift auf dem Girokonto ist kein Kredit an die Bank, sondern Geld bzw. Buchgeld. Belastet die Bank das Girokonto mit einem „negativen Zins", so handelt es sich in der Sache um eine Kontoführungsgebühr. Die Kontoführungsgebühr ist mit der früheren Gebühr für die Aufbewahrung von Goldmünzen vergleichbar, mit der die Kosten für den Tresor gedeckt wurden. Mit der heutigen Kontoführungsgebühr deckt die Bank die Kosten für Personal, Computer und Bankautomaten. Da die Kontoführungsgebühr der Kostendeckung dient, kann sie nicht willkürlich festgesetzt werden.

Ein Kredit hat verschiedene Formen. Der Bankkredit ist die bekannteste Form. Um einen Kredit handelt es sich auch, wenn ein Unternehmen oder der Staat sich Geld durch die Ausstellung bzw. Emission einer Anleihe – Unternehmensanleihe bzw. Staatsanleihe – besorgt.

Exkurs: Was ist eine Anleihe?
Die Anleihe ist eine schriftliche Schuldverschreibung. Sie ist ein Wertpapier.
Indem der Aussteller bzw. Emittent das Wertpapier verkauft, erhält er mit dem
Kaufpreis einen Kredit. Der Emittent verpflichtet sich, auf den in der Anleihe
genannten Nominal- bzw. Kreditbetrag Zinsen zu einem festen Zinssatz an den
Besitzer der Anleihe zu zahlen und den Kredit am Ende der Laufzeit der
Anleihe zurück zu zahlen. Anleihen werden an der Börse gehandelt. An der
Börse bildet sich der Preis bzw. Kurs für Anleihen.

Eine Bank nimmt einen Kredit in erster Linie bei der Zentralbank auf. Sie
kann aber auch eine Anleihe - eine Bankanleihe - emittieren. Eine Bank erhält einen Kredit ferner dadurch, dass sie eine Spareinlage entgegennimmt,
indem sie zum Beispiel auf Veranlassung des Bankkunden Buchgeld von
seinem Girokonto auf sein Sparkonto umbucht. Die Bank benötigt für das
Sparguthaben kein Zentralbankgeld, da das Sparguthaben kein Zahlungsmittel bzw. kein Geld ist. Erst am Ende der Laufzeit des Sparvertrages erhält der Sparer das Buchgeld zurück und die Bank benötigt Zentralbankgeld, um Banknoten auszahlen und Überweisungen durchführen zu können.
Da die Bank für die Dauer des Sparvertrages kein Zentralbankgeld vorhal-
ten muss, kann sie das nicht benötigte Zentralbankgeld anderweitig zum eigenen Vorteil nutzen, indem sie es zum Beispiel an eine andere Bank verleiht.

Für den Zins als Preis für das Geld gilt das Gesetz von Angebot und Nachfrage. Ist die Nachfrage nach Geld bzw. nach Krediten hoch, steigt der Zins,
ist sie niedrig, sinkt der Zins. Im früheren Goldmünzsystem war das Angebot an Geld naturgemäß knapp, was leicht zu hohen Zinsen bis zu Wucher-
zinsen führen konnte. Im reinen Papiergeldsystem kann das Geld im Prinzip
nicht knapp werden, da die Zentralbank es in beliebigem Umfang herstellen
kann. Das potentiell hohe Angebot an Geld könnte daher zu dauerhaft niedrigen die Zinsen führen. Niedrige Zinsen erhöhen die Bereitschaft zur Kreditaufnahme und es kann zu einer Überhitzung der Konjunktur, zu hohen
Preisen und damit zur Geldwertung kommen. Die Zinsen bedürfen daher
der Regulierung. Die Regulierung erfolgt durch die Zentralbank, die die
Zinshöhe bestimmt. Das wichtigste Instrument der Zentralbank ist der Leitzins (Hauptleitzins). Der Leitzins ist der Zins, den die Banken für Kredite
der Zentralbank zahlen. Der Leitzins ist niedriger als der Zins, den die Banken von ihren Kreditnehmern verlangen. Durch die Zinsdifferenz machen
die Banken Gewinn. Der Leitzins gibt den Banken die Richtung vor. Die

Banken werden, da sie untereinander in Wettbewerb stehen, ihre Zinsen senken, wenn eine Bank mit der Senkung der Zinsen beginnt.

Hebt die Zentralbank den Leitzins an, werden auch die Banken ihre Zinsen anheben. Die Bereitschaft zur Kreditaufnahme sinkt, die Nachfrage nach Gütern geht zurück und die Preise steigen nicht mehr. Kaufkraft und Geldwert bleiben stabil. Der Zins im reinen Papiergeldsystem hat somit die Funktion, den Geldwert stabil zu halten und einen übermäßigen Anstieg der Preise bzw. eine Inflation zu verhindern. Im Goldmünzsystems bedarf es der Zentralbank nicht, um den Geldwert stabil zu halten. Das Geld im Goldmünzsystem ist dauerhaft knapp und dadurch wertbeständig.

Um schnell auf eine veränderte Situation reagieren zu können, vergibt die Zentralbank die Kredite an die Banken grundsätzlich mit kurzer Laufzeit. Da die Kredite kurzfristig auslaufen, kann sie kurzfristig für neue Kredite einen höheren Leitzins festsetzen. Sie kann auch die Kreditvergabe an die Banken mengenmäßig beschränken und die Mindestreserve erhöhen, sodass die Banken weniger Zentralbankgeld für die Kreditvergabe zur Verfügung haben. Da das Angebot an Geld sinkt, steigen die Zinsen.

Die Zentralbank kann Einfluss auf die Zinsen ferner dadurch nehmen, dass sie Anleihen kauft. Der Preis bzw. Kurs der Anleihen richtet sich nach Angebot und Nachfrage. Kauft die Zentralbank in großem Umfang Anleihen, was ihr leicht fällt, da sie das für den Kauf benötigte Zentralbankgeld in beliebigem Umfang herstellen kann, steigen die Anleihekurse infolge der hohen Nachfrage. Der private Käufer einer Anleihe zahlt von nun an einen höheren Preis für die Anleihe, deren Zinssatz unverändert ist, sodass die bisherige Rendite sinkt. Das hat zur Folge, dass der Emittent einer neuen Anleihe einen geringeren Zins bietet, da sich der Käufer, wenn er eine bereits vorhandene bzw. umlaufende Anleihe kaufen würde, eine geringere Rendite erhält. Die Zinsen sinken allgemein. Verkauft die Zentralbank die Anleihen wieder, tritt der umgekehrte Effekt ein und die Zinsen steigen wieder. Die Rendite aus allen umlaufenden Anleihen erstklassiger Bonität (Staatsanleihen) wird als Umlaufrendite bezeichnet.

Durch den Kauf von Anleihen mit langer Laufzeit kann die Zentralbank die Zinsen für langfristige Kredite beeinflussen. Im Normalfall sind die Zinsen für langfristige Kredite höher als die Zinsen für kurzfristige Kredite. Das hat folgenden Grund: Langfristige Kredite sind für den Kreditgeber mit einem höheren Risiko verbunden. Im Laufe der Jahre könnte der Kreditnehmer insolvent werden. Ferner könnten die Zinsen steigen. Der Kreditgeber würde bei einem kurzfristigen Kredit besser gefahren sein, da er sein Geld nach kurzer Zeit zurückerhalten hätte, um es zu einem höheren Zins wieder zu verleihen. Für das Risiko, das in der Langfristigkeit liegt, fordert er eine Risikoprämie in Form höherer Zinsen. Kauft nun die Zentralbank langfristige Anleihen in großem Umfang, erhöht sie den Kurs für diese Anleihen. Die Zinsen für langfristige Kredite sinken.

Sind die Zinsen für langfristige Kredite niedriger als die Zinsen für kurzfristige Kredite – man spricht von inverser Zinsstruktur, da die normale Zinsstruktur mit steigenden Zinsen bei steigender Laufzeit umkehrt ist -, so ist dies ein Indiz dafür, dass eine Inflation langfristig nicht zu erwarten ist. Es ist allerdings zu berücksichtigen, dass diese Erwartung künstlich geschaffen wird, wenn die Zentralbank in großem Umfang Anleihen kauft.

Der Ankauf von Anleihen durch die Zentralbank in großem Umfang wird als quantitative Lockerung (engl. Quantitative Easing) bezeichnet. Die quantitative Lockerung ist ein Eingriff in den Anleihemarkt. Sie wurde von der japanischen Zentralbank in 2001 erstmals praktiziert. Inzwischen machen die Zentralbanken von ihr recht großzügigen Gebrauch.

7. Die Zwangsläufigkeit steigender Schulden im reinen Papiergeldsystem

Wir versetzen uns gedanklich in eine Art Urzustand, in dem es noch kein Geld gibt. Bauer B kauft von Viehzüchter V eine Kuh für 1.000 €. Er geht zur Bank, die kürzlich gegründet wurde, und beantragt einen Kredit von 1.000 €. Die Bank besorgt sich Banknoten – es gibt Geld nur in Form von Banknoten – im Wert von 1.000 € bei der Zentralbank als Kredit. Die Zinsen für den Kredit betragen 30 €. Die Bank zahlt mit den Banknoten den Kredit an B aus. Die Zinsen, die B an die Bank zu zahlen hat, betragen 50 €. Nun kann B den Kaufpreis an V zahlen. Geld ist in Höhe von 1.000 € entstanden. Durch die Zinsen sind Schulden von insgesamt 80 € entstanden.

Damit B die Zinsen von 50 € zahlen kann, muss neues Geld hergestellt werden, und das geht wiederum nur durch einen Kredit, für den Zinsen zu zahlen sind. B muss versuchen, seine Schulden von 1.050 € zu tilgen. Mit der gekauften Kuh produziert er Mich, die er verkauft. Er verkauft Milch für 1.050 € an den Kaufmann K, der bei der Bank einen Kredit in dieser Höhe aufnimmt. Für den Kredit fordert die Bank 70 € Zinsen. B kann seine Kreditschulden in vollem Umfang tilgen. Danach sind weiterhin nur 1.000 € an Geld vorhanden, die Schulden sind durch die Zinsschuld des K um 70 € gestiegen. K hat Schulden von 1.050 € plus 70 €, insgesamt 1.120 €. Er verkauft die Milch für 1.120 € an seine Kunden. Diese benötigen Kredite in Höhe von 1.120 €, für die wiederum Zinsen anfallen, deren Bezahlung wiederum nur mit Kredit möglich ist. Der Vorgang zeigt, dass jeder Kredit wegen der Zinsen einen neuen Kredit mit einer Zinsschuld auslöst. Dem reinen Papiergeldsystem, bei dem das Geld durch einen zinspflichtigen Kredit entsteht, liegt somit ein Automatismus steigender Schulden zugrunde.

Der infolge der Zinsschulden notwendige Anstieg der gesamten Verschuldung kann dadurch gebremst werden, dass mit Eigenkapital gezahlt wird. Angenommen B verkauft Milch für 1.050 € an V, von dem er die Kuh für 1.000 € gekauft hatte und der inzwischen ein Milchgeschäft eröffnet hat. V hatte aus dem Verkauf der Kuh, die er in Eigenleistung aufgezogen hatte, 1.000 € Eigenkapital. Mit dem Eigenkapital kann er die Milch bis auf einen Restbetrag von 50 € bezahlen. V benötigt somit noch einen Kredit von 50 €, für den nur geringe Zinsen anfallen. Diese 50 € Zinsen sind nun aber im Prinzip nicht tilgbar. Sie wären allenfalls tilgbar, wenn V eine Arbeitsleistung an die Bank erbringen würde, indem er zum Beispiel Arbeiten an den

Außenanlagen des Grundstücks der Bank durchführen würde. Dann aber hätte die Bank das Problem, dass sie die Zinsen von 30 € an die Zentralbank nicht bezahlen kann. Praktisch können die Schulden wegen der Zinsen nicht auf Null reduziert werden.

Die Zahlung mit Eigenkapital führt zur Reduzierung der Schulden. Es entstehen weniger Zinsschulden, sodass sich der Anstieg der Gesamtverschuldung verlangsamt. Wenn nun aber V seine 1.000 € Eigenkapital nicht zum Kauf von Milch ausgibt, sondern in seinen Tresor legt, kommt es nicht zur Schuldenreduzierung. V wird sein Geld nicht in den Tresor legen, sondern gewinnbringend verwenden. Er kann sie als Kredit vergeben, für den er Zinsen erhält. Der Kreditnehmer würde sich verschulden und dadurch würden weitere Schulden entstehen.

Die Verschuldung entwickelt sich anders als die Geldmenge. Es wird immer einen Überhang an Schulden geben. Dies zeigt sich auch an dem Fall, dass jemand etwas kauft und er den Kaufpreis erst einige Wochen später zahlen muss. Bis zur Zahlung ist er verschuldet.

Wenn ein Unternehmen der Realwirtschaft ein neues Produkt entwickeln und herstellen will, benötigt es Geld für Mitarbeiter und Geräte. Es muss in Vorleistung treten und diese ist meistens so hoch, dass es einen Kredit benötigt. Erst wenn es die Produkte verkauft und Einnahmen hat, kann es die Schulden tilgen. Die Preise, die es aus der Güterproduktion erzielt, müssen höher sein als die Kreditschulden (Kreditsumme und Zinsen), damit es einen Gewinn macht.

Sowohl die Schulden als auch die Einnahmen aus der Güterproduktion müssen steigen. Dies gilt für die Unternehmen der Realwirtschaft in gleicher Weise wie für die Unternehmen der Finanzwirtschaft. Dennoch gibt es Unterschiede zwischen den beiden Arten von Unternehmen.

Beide Arten von Unternehmen produzieren unterschiedliche Arten von Gütern. Die Unternehmen der Realwirtschaft produzieren Waren und realwirtschaftliche Dienstleistungen. Die Unternehmen der Finanzwirtschaft (z.B. Banken, Versicherungen) produzieren Finanzdienstleistungen. Die Summe der Preise aller in einem Land produzierten realwirtschaftlichen und finanzwirtschaftlichen Güter ergibt das Bruttoinlandsprodukt.

Die Güterproduktion der Unternehmen der Realwirtschaft und ihre Verschuldung haben sich wie folgt entwickelt[4].

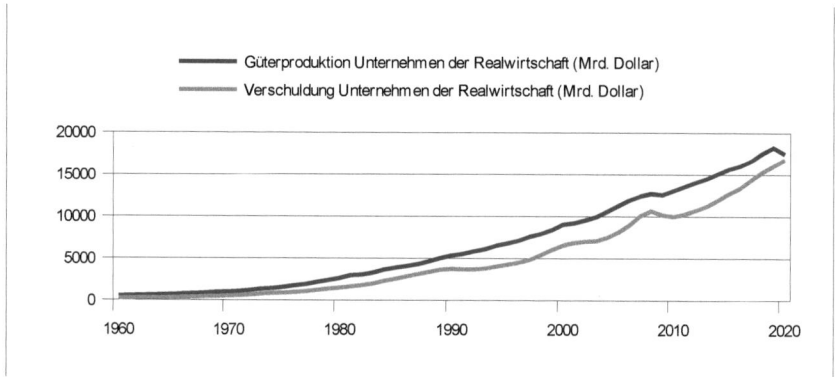

Sowohl die Güterproduktion als auch die Verschuldung steigen. Interessant ist das Verhältnis von Verschuldung und Güterproduktion. Der prozentuale Anteil der Verschuldung an der Güterproduktion stellt sich wie folgt dar:

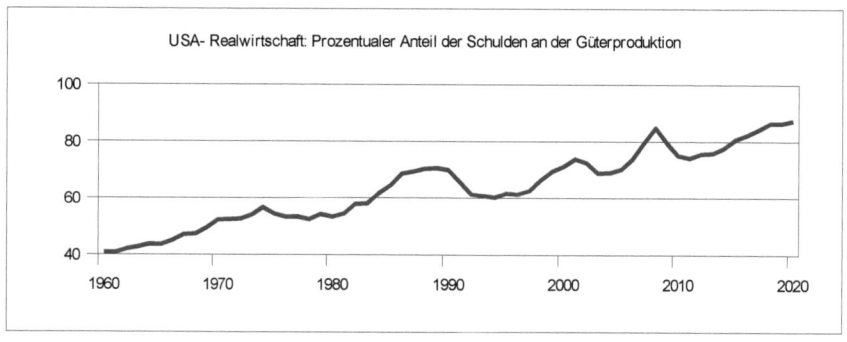

Der prozentuale Anteil ist erheblich gestiegen. Er lag in 1960 bei 40% und in 2019 bei 88%. Man könnte annehmen, dass Verschuldung der Unterneh-

---

4   Eigene Darstellung; Daten aus
     1) Güterproduktion: www.bea.gov - Tools – Interactive Data – National Data: GDP & Personal Income – Begin using Data –
     Section 1 DOMESTIC PRODUCT AND INCOME Table 1.1.5. Gross domestic product (A) (Q) – Modify Scale: Billion –
     Series : Annual – Select All years – Refresh Table   u n d   www.bea.gov - Tools – Interactive Data –Industry Data: GDP-
     by-industry – Begin using data – GROSS OUTPUT BY INDUSTRY – Gross output by Industry (A) (Q) – Industry data
     Frequency: Annual – Next step – Line 55 Finance and insurance – Modify - Scale: Billions; Start year: 1997; für die Jahre
     1960 bis 1996: Industry Data – Additional information – Historical 1947-1997 data – GROSS OUTPUT BY INDUSTRY –
     Gross output by Industry (A) – Line 55 Finance and insurance – Modify – Scale: Billions: Start Year 1960
     2) Verschuldung: www.federalreserve.gov - Data – Financial Accounts - Financial Accounts of the United States-Z1 - Release
     Dates – June 2020 PDF Summary D3 Debt Outstanding by Sector – Business – Total; Werte ab 1975: Release Dates 2008

men der Realwirtschaft auf die hohe Zinsen in den 1980er Jahren zurückzuführen ist, die nicht getilgt werden konnten und daher noch lange nachge-
wirkt haben. Der US-Leitzins erreichte 1981 den exorbitanten Wert von
20%[5].

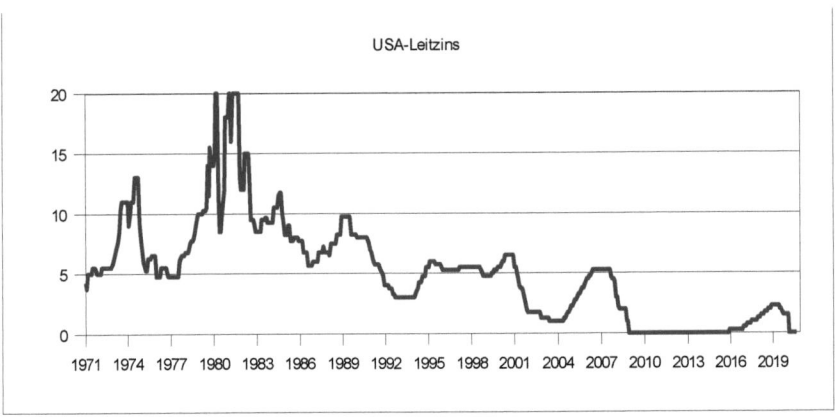

USA-Leitzins

Eine erhebliche Nachwirkung hat es aber nicht gegeben, andernfalls hätte
die Verschuldung ab 1990 nicht so deutlich sinken können.

Wenn ab 1995 wieder ein deutlicher Anstieg der Verschuldung zu verzeich-
nen ist, so ist dies mit den neuen Entwicklungen in Finanzwirtschaft zu erklären. Seit den 1990er Jahren hat eine Deregulierung der Finanzwirtschaft
mit erheblichen Veränderungen eingesetzt. Die Finanzwirtschaft wurde zur
produzierenden Industrie, die neuartige Finanzprodukte herstellte. Die Finanzprodukte stießen auf eine hohe Nachfrage, da sie leicht zu erzielenden
Gewinn versprachen.

Der stark gestiegene Anteil der Verschuldung der Unternehmen der Realwirtschaft kann nur damit erklärt werden, dass die Unternehmen der Realwirtschaft Finanzprodukte – und auch Aktien – auf Kredit kauften. Die Zinsen
wurden ab 2001 und ab 2008 stark gesenkt. Gewinne konnten somit auf
leichte Weise durch eine Investition in die Produkte der Finanzwirtschaft erzielt werden. Das Verhältnis von Verschuldung und realwirtschaftlicher Güterproduktion wurde verzerrt.

---

5   Eigene Darstellung; Daten aus www.federalreserve.gov - Monetary Policy – Policy Implementation – Policy tools – Open
     Market Operations - FOMC's target federal funds rate or range, change (basis points) and level; u n d
     1971-1989 https://www.thebalance.com/fed-funds-rate-history-highs-lows-3306135

Kommen wir zu den Unternehmen der Finanzwirtschaft. Deren Güter sind Finanzdienstleistungen. Ein erheblicher Teil der Finanzdienstleistungen bestand seit den 1990er Jahren in der Konzeption von immer neuen Finanzprodukten.

Die Finanzprodukte enthalten vielfach Schuldverschreibungen und führen somit zu hohen Verschuldungen. Für die Konzeption der Finanzprodukte und damit für ihre Arbeitsleistung erhalten die Unternehmen der Finanzwirtschaft eine Gebühr, die beim Verkauf des Finanzprodukts erhoben wird. Die Gebühren machen nur einen Bruchteil der Verschuldung aus. Der Anteil der Güterproduktion bzw. der Finanzdienstleistung an der Verschuldung ist daher sehr gering.

Nach 1995 kam das Geschäft mit den Finanzprodukten richtig in Gang, sodass auch die Verschuldung der Unternehmen der Finanzwirtschaft stark stieg. Zu diesem Anstieg hat nicht zuletzt auch der Umstand beigetragen, dass Finanzprodukte auch von den Unternehmen der Finanzwirtschaft auf Kredit gekauft wurden, da sich dadurch Gewinne erzielen ließen.

Der nachstehende Chart zeigt die Entwicklung der Güterproduktion und der Verschuldung der Unternehmen der Finanzwirtschaft[6].

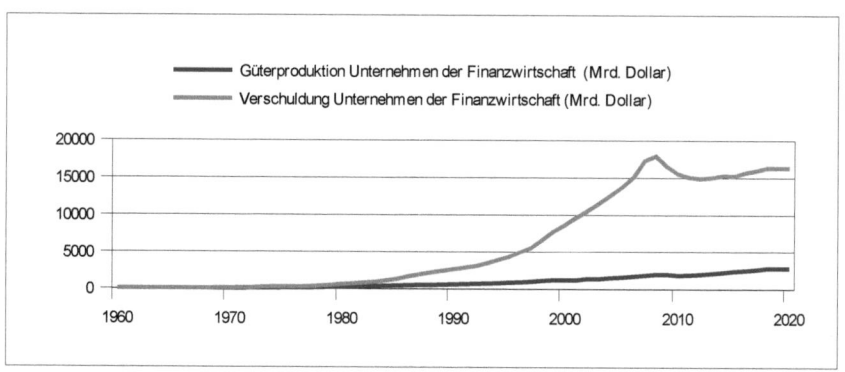

6   Eigene Darstellung, Daten aus 1) Güterproduktion: www.bea.gov - Tools – Interactive Data –Industry Data: GDP-by-industry
     – Begin using data – GROSS OUTPUT BY INDUSTRY – Gross output by Industry (A) (Q) – Industry data Frequency:
     Annual – Next step – Line 55 Finance and insurance – Modify - Scale: Billions; Start year: 1997; für die Jahre 1960 bis 1996:
     Industry Data – Additional information – Historical 1947-1997 data – GROSS OUTPUT BY INDUSTRY – Gross output by
     Industry (A) – Line 55 Finance and insurance – Modify – Scale: Billions: Start Year 1960 2) Verschuldung:
     www.federalreserve.gov Data – Financial Accounts - Financial Accounts of the United States-Z1 - Release Dates – March
     2019 PDF Summary D3 Debt Outstanding by Sector - Domestic financial sectors; Werte ab 1975: Release Dates 2008

Der prozentuale Anteil der Schulden an der Güterproduktion stellt sich wie folgt dar:

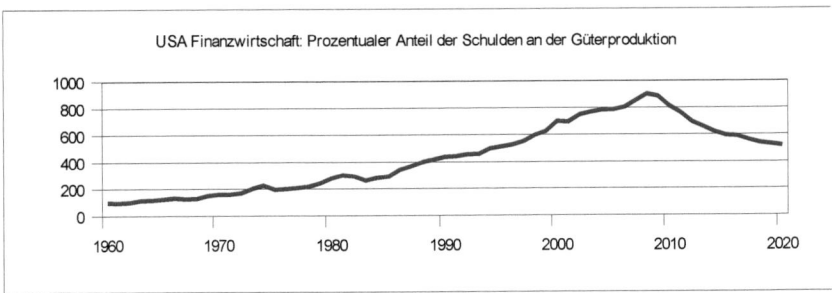

USA Finanzwirtschaft: Prozentualer Anteil der Schulden an der Güterproduktion

Der prozentuale Anteil, der 1960 noch unter 100% gelegen hatte, stieg mit der Herstellung der Finanzprodukte seit den 1990er Jahren deutlich. Er lag im Jahr der Finanzkrise 2008 bei 900%. Nach der Finanzkrise ging er zurück. In 2019 betrug er 528%.

8. Die Zwangsläufigkeit steigender Preise

Da die Schulden zwangsläufig steigen, müssen auch die Preise zwangsläufig steigen. Die Zinsen führen zu steigenden Preisen. Wer eine Sache auf Kredit kauft, muss Zinsen zahlen. Verkauft er die Sache weiter, muss er mindestens zu einem Preis verkaufen, der um die Zinsen höher ist als der Einkaufspreis. Darüber hinaus will er einen Gewinn erzielen. Steigen die Preise nur gering, kann ein Unternehmen einen hohen Gewinn nur erzielen, indem es eine höhere Stückzahl von Gütern produziert und verkauft, mit anderen Worten indem es den Umsatz steigert.

Die Preissteigerung bzw. der Gewinn, den die Unternehmen erzielen, muss von den Käufern der von ihnen produzierten Güter bezahlt werden. Daher muss auch die Geldmenge zwangsläufig steigen, wie sich am nachstehenden Chart zeigt[7].

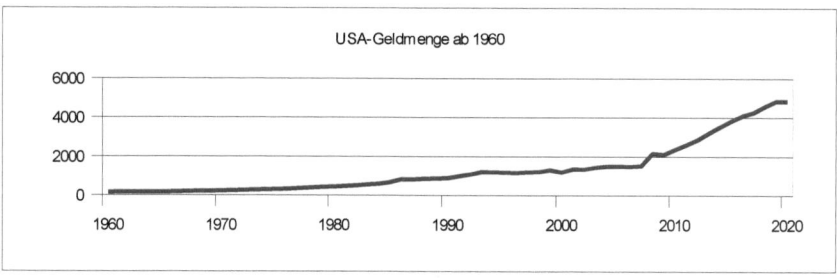

Der ungewöhnlich starke Anstieg der Geldmenge ab 2008 ist auf die quantitative Lockerung zurückzuführen. Die amerikanische Zentralbank kaufte in großem Umfang von den Banken Staatsanleihen und Unternehmensanleihen. Die Banken erhielten hohe Mengen an Zentralbankgeld. Das Zentralbankgeld versetzte sie in die Lage, hohe Mengen an Buchgeld herzustellen, um ihrerseits Staatsanleihen und Unternehmensanleihen zu kaufen.

Decken die Preise die Kosten nicht, können die Kreditnehmer die Kreditschuld nicht tilgen. Die Banken haben Verluste. Hohe Verluste der Banken würden zur Zahlungsunfähigkeit führen. Banken müssten geschlossen wer-

---

7   Eigene Darstellung; Daten aus www.federalreserve.gov - Data – Financial Accounts – Financial Accounts of the United States Z.1 – Current Release DDP (Data Download Program) – Build Your package – 1. Data Set: Financial Accounts of the United states Z.1 – 2. Prefix: FL Levels NSA (nonseasonal adjusted) – 3. Sector: 89 All Sectors – 4. Instrument Type: 30200 Checkable deposits and currency (Münzen, Banknoten) 5. Series type: Computed series 6. Frequency: Annual- Add to package – Formate package -Dates: From 1959 to 2017 – Go to download – Download file

den. Die Buchgeldbesitzer würden ihr Buchgeld verlieren und könnten nicht zahlen. Ihre Gläubiger und deren Gläubiger würden kein Geld erhalten und könnten ebenfalls nicht zahlen. Es käme zu einer Kettenreaktion von Zahlungsunfähigkeiten. Das Geldsystem würde kollabieren.

Sinkende Preise bzw. eine Deflation ist somit eine Gefahr für das Geldsystem. Die Zentralbank hat daher auch die Aufgabe, für die Stabilität des Geldsystems zu sorgen. Sie muss nicht nur eine Inflation verhindern, sondern auch eine Deflation. Die Zentralbanken streben daher allgemein eine moderate Preissteigerung von nahe 2% an.

Der Maßstab für die Inflation bzw. Deflation sind die Konsumgüterpreise. Die Entwicklung der Konsumgüterpreise wird anhand eines Warenkorbs ermittelt, in dem eine Vielzahl von realwirtschaftlichen Gütern zusammengefasst wird. Die Preise werden gewichtet und aus ihnen wird ein Index gebildet, der Konsumgüterpreisindex.

Bei der Ermittlung des Konsumgüterpreisindex' ergeben sich Schwierigkeiten statistischer Art. Die Preise für Energie und Lebensmittel schwanken stark. Man bildet daher eine Inflationsrate mit und ohne diese Preise. Die Inflationsrate unter Einbeziehung der Preise für Energie und Lebensmittel ist die allgemeine Inflationsrate. Die Inflationsrate ohne diese Preise wird Kerninflationsrate genannt. Die Unterscheidung scheint wenig hilfreich. Energie- und Lebensmittelpreise gehören zu den wichtigsten Konsumgüterpreisen, sodass diese Preise nicht ausgeklammert werden können.

Eine erhebliche Schwierigkeit für die Statistik besteht darin, die Preissteigerung für ein Wirtschaftsgut zu ermitteln, das sich infolge der rasanten technischen Entwicklung (Computer) qualitativ stark verändert. Ein neues Modell ist häufig mit dem Vorgängermodell nicht vergleichbar, da es völlig neue Anwendungen ermöglicht. Ein neues Auto ist mit einem Auto, das 20 Jahre alt ist, nicht vergleichbar, obwohl sich an der Bezeichnung „Auto" nichts geändert hat. Ein Auto ist heute mehr oder weniger ein Computer auf vier Rädern (Fahrassistent, Navigation, autonomes Fahren). Nun behilft sich die Statistik damit, dass sie bei neuen Geräten des Computerbereichs Abschläge vom tatsächlichen Preis vornimmt, und zwar wegen des zusätzlichen „Vergnügens", das die neuen Geräte bieten. Durch diese sogenannte hedonistische Methode wird der Preisanstieg künstlich niedriger dargestellt.

Ob der Preisabschlag gerechtfertigt ist, kann man bezweifeln. Die technische Entwicklung ermöglicht nun einmal die Herstellung von Produkten in einer neuen Qualität. Der Käufer kommt nicht umhin, die neue Qualität zu kaufen, auch wenn er sie nicht nutzen will. Ihm bleibt nur die Möglichkeit, den höheren Preis zu zahlen.

In den 1980er Jahren waren die Zinsen sehr hoch (Chart zu Fußnote 5) und folglich waren auch die Konsumgüterpreise sehr hoch. Im nachfolgenden Chart ist der starke Anstieg der Konsumgüterpreise 1980 - um 13,5% - nur schwach erkennbar[8].

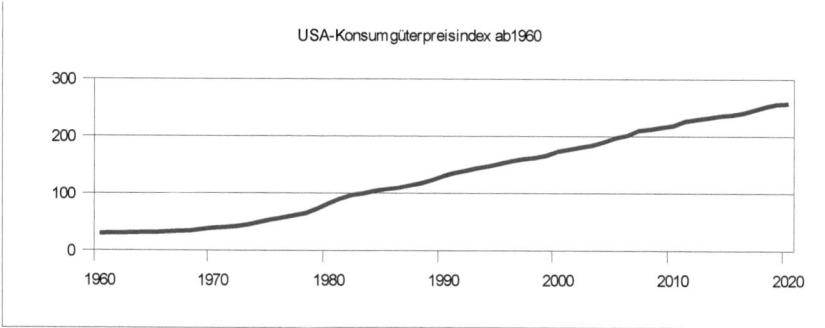

USA-Konsumgüterpreisindex ab1960

Deutlich erkennbar ist der Preisanstieg im nachstehenden Chart, der die Inflationsrate darstellt[9]:

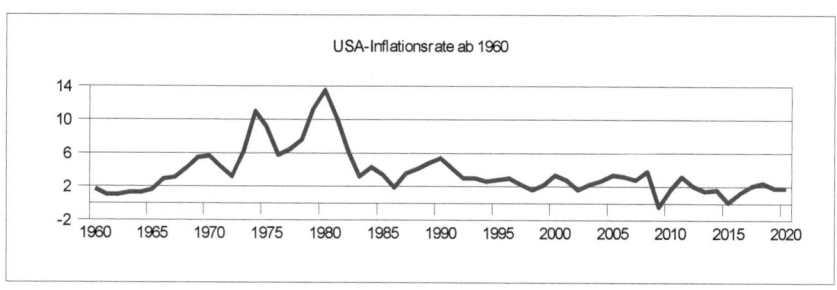

USA-Inflationsrate ab 1960

8   Eigene Darstellung; Daten aus www.bls.gov Subjects - Inflation & Prices - Consumer Price Index - CPI Data – -Tables –
     SUPPLEMENTAL FILES - Archived CPI Supplemental Files- June 2020 – Historical CPI-U June 2020 – Historical Consumer
     Price Index for All Urban Consumers (CPI-U): U.S. city average, all items, by month
9   Eigene Darstellung; Daten aus www.bls.gov Subjects - Inflation & Prices - Consumer Price Index - CPI Data – -Tables –
     SUPPLEMENTAL FILES - Archived CPI Supplemental Files- June 2020 – Historical CPI-U June 2020 – Historical Consumer
     Price Index for All Urban Consumers (CPI-U): U.S.- index averages -Percent change from previous – Annual avg

9. Die Inflation der Konsumgüterpreise

Es ist grundsätzlich zwischen den Preisen für Konsumgüter und den Preisen für Vermögensgegenstände zu unterscheiden. Konsumgüter werden von der Realwirtschaft hergestellt. Sie werden verbraucht, entweder verzehrt (z.B. Lebensmittel) oder abgenutzt (z.B. Auto). Vermögensgegenstände (z. B. Grundstück, Aktie, Kunstwerk) bleiben dauerhaft erhalten.

Durch das menschliche Streben nach möglichst hohem Gewinn kommt es häufig zu Preisübertreibungen. Übertriebene Preise von Konsumgütern werden als Inflation bezeichnet. Die Preisübertreibung bei Vermögensgegenständen wird üblicherweise als Blase bezeichnet. Ich bezeichne die übertriebenen Preise von Vermögensgegenständen ebenfalls als Inflation, und zwar als Assetinflation (Asset engl. Vermögen), da beide Preisübertreibungen auf dem gleichen Prinzip, dem Gesetz von Angebot und Nachfrage, beruhen.

Preise werden durch Angebot und Nachfrage gebildet. Wenn viel Geld zur Verfügung steht, steigt die Nachfrage verständlicherweise. Ist in diesem Fall das Angebot knapp, steigen die Preise.

Die Konsumgüterpreise sind somit zunächst das Ergebnis von Angebot und Nachfrage. Da die Konsumgüter laufend produziert werden, spielen die Produktionskosten eine wichtige Rolle. Die Produktionskosten sind zum Beispiel die Löhne, die Materialkosten, die Unternehmenssteuern und die Zinsen sowie der Ölpreis. Ein stark gestiegener Ölpreis infolge der politischen Krisen in Nahost gegen Mitte und Ende der 1970er Jahre hat zu hohen Preissteigerungen bis zu 13,5% geführt (Chart zu Fußnote 8). Die drastische Preissteigerung führte zum Rückgang des Konsums und der Investitionen, sodass das Wirtschaftswachstum stagnierte. Die Situation von Inflation und gleichzeitigem stagnierendem Wirtschaftswachstum wird als Stagflation bezeichnet. Sie stellt die Zentralbank vor schwierige Entscheidungen. Im Hinblick auf das schwache Wirtschaftswachstum müsste sie die Zinsen senken, im Hinblick auf die Inflation die Zinsen anheben. Die amerikanische Zentralbank erhöhte den Leitzins auf exorbitante Werte von bis zu 20% (Chart zu Fußnote 5).

Wenn von Inflation die Rede ist, ist häufig die Inflation von 1923 gemeint. Die Inflation von 1923 war eine Hyperinflation und beruhte auf besonderen

Umständen. Auch wenn eine Inflation wie 1923 nicht aktuell ist, lässt sich an ihr doch gut erkennen, worauf es bei einer Inflation ankommt. Wir wollen uns daher mit ihr etwas ausführlicher beschäftigen.

Die Inflation nahm ihren Anfang kurz nach dem Ende des Ersten Weltkrieges. Das legt die Annahme nahe, dass es einen Zusammenhang zwischen der Inflation und dem Ersten Weltkrieg gibt. Diesen gibt es in der Tat. Ein Krieg verändert die wirtschaftlichen Verhältnisse grundlegend. Im Krieg wird alles auf die militärischen Erfordernisse ausgerichtet und so war es kurz nach Kriegsbeginn 1914. Die Produktion von Konsumgütern wurde zugunsten der Produktion von Kriegsgütern eingeschränkt. Dies hätte infolge der Verringerung des Güterangebots zu hohen Preissteigerungen führen müssen. Um diese zu verhindern, wurden gleich zu Kriegsbeginn Höchstpreisvorschriften erlassen. Die Preise (Großhandelspreise) stiegen wie folgt: 1914 um 5%, 1915 um 35%, 1916 um 7%, 1917 um 18% und 1918 um 21%. Nach Kriegsende und nach Aufhebung der Höchstpreisvorschriften stiegen die Preise wie folgt: 1919 um 91%, in 1922 um 400% und in 1923 schließlich um 123.000%[10]. An der in 1919 einsetzenden Preissteigerung wird deutlich, dass das „Naturgesetz" von Angebot und Nachfrage nicht außer Kraft gesetzt werden kann. Wird es außer Kraft gesetzt, wird die künstlich unterdrückte Preissteigerung später umso stärker nachgeholt.

Der Preisanstieg 1922 und 1923 ist mit dem Nachholen einer unterdrückten Preissteigerung allein nicht zu erklären. Er hat andere Ursachen, die im psychologischen Bereich liegen. Der Glaube an das Geld war verloren gegangen, weil der Glaube an den Staat, er werde wieder für geordnete Verhältnisse sorgen, verloren gegangen war. Der Staat hatte sich zur Finanzierung des Krieges hoch verschuldet. Er hatte 100 Mrd. Mark Kriegsanleihen emittiert. Ferner hatte er sich 50 Mrd. Mark von der Zentralbank gegen Ausstellung von Schuldverschreibungen (Schatzanweisungen) verschafft. Die Geldherstellung war der Zentralbank möglich, weil die Golddeckung abgeschafft worden war. Es handelte es sich um den klassischen Fall einer Staatsfinanzierung durch die Zentralbank. Die Staatsschulden, die vor dem Krieg 5 Mrd. Mark betrugen, lagen am Ende des Krieges bei bei 150 Mrd. Mark[11].

---

10 Pfister, Der Erste Weltkrieg und die Ära der Hyperinflation: https://www.uni-muenster.de/imperia/md/content/geschichte/sozial_und_wirtschaftsgeschichte/studium/ws0809/s12inflationfolien.pdf
11 Siehe https://www.staatsverschuldung.de/geschichte2.htm

Zu den Staatsschulden hinzu kamen die immensen Reparationsforderungen der Siegermächte gemäß dem Londoner Ultimatum vom Mai 1921, das von Regierung und Parlament akzeptiert wurde. Die Reparationsforderungen standen in keinem Verhältnis zur Leistungsfähigkeit Deutschlands. Als französische und belgische Truppen im Januar 1923 wegen rückständiger Reparationsleistungen das Ruhrgebiet besetzten, rief die deutsche Regierung zum Generalstreik auf. Die Güterproduktion im Ruhrgebiet wurde eingestellt, was die ohnehin gegebene Güterknappheit weiter verschärfte. Die streikenden Arbeiter wurden vom Staat bezahlt. Dieser von der Regierung initiierte „Ruhrkampf" brachte das Fass zum Überlaufen. Die Preise stiegen in astronomische Höhen.

Die extrem steigenden Preise konnten zunächst bezahlt werden, weil viel Geld in Umlauf war. Die Zentralbank hatte, wie gesagt, der Regierung 50 Mrd. Mark zur Verfügung gestellt, sodass die Geldmenge während des Krieges von 8,7 Mrd. Mark im Dezember 1914 auf 33,1 Mrd. Mark im Dezember 1918 gestiegen war[12]. Die bereits vorhandene Geldmenge reichte jedoch bald nicht mehr aus, um die in die Höhe schießenden Preise bezahlen zu können. Die Zentralbank musste noch mehr Geld drucken und kam mit dem Gelddrucken nicht mehr nach. Die Kommunen gingen dazu über, Notgeld auszugeben.

Das Geld hatte seine Funktion vor allem als Wertbestimmungsmittel verloren. Als Ausweg blieb nur, neues Geld mit einer anderen Bezeichnung herauszugeben. Es bedurfte einer neuen Währung durch eine Währungsreform, die durch die Einführung der Rentenmark erfolgte. Die Rentenmark war vorübergehend und war nicht gesetzliches Zahlungsmittel.

Die Rentenmark hatte Erfolg. Die Menschen glaubten an das neue Geld, weil es durch Sachwerte gedeckt war und weil sich eine vernünftige Regelung der Reparationen abzeichnete (Dawes Plan). Grundlage der Rentenmark war die Verordnung der Reichsregierung über die Errichtung der Deutschen Rentenbank vom 15.10 1923 (Reichsgesetzblatt I S. 963). Zugunsten der Rentenbank wurden alle Grundstücke per Gesetz ohne Grundbucheintragung mit einer Grundschuld belastet. Alle Betriebe wurden in ähnlicher Weise belastet. Die Grundstücke und Betriebe dienten der Rentenbank als Kapital, auf dessen Grundlage die Rentenbank sogenannte Renten-

---

12   Zahlen zur Geldentwertung in Deutschland 1914-1923 a.a.O., S. 45

briefe ausstellte, deren Wertbezeichnung auf Goldmark lautete. Die Renten-
briefe waren die Deckung für die Rentenmark, sodass die Rentenmark den
Anschein der Golddeckung erhielt. Die Menschen glaubten an die Rentenmark. Die Belastung der Grundstücke und Betriebe beinhaltete, dass die Eigentümer Zahlungen an die Rentenbank zu leisten hatten und als Ausgleich
einen Anspruch auf Beteiligung am Gewinn der Rentenbank erhielten.

Die Folgen der Inflation von 1923 waren verheerend. Das Geld und die
Geldforderungen waren wertlos geworden. Wer Geld gespart hatte, hatte alles verloren. Die Gewinner waren die Schuldner. Sie konnten ihre Schulden
mit inflationierten Geld nach dem Grundsatz „Mark ist gleich Mark" bezahlen. Auch der Staat konnte sich auf bequeme Weise entschulden.

Eine Inflation hat es auch nach dem Zweiten Weltkrieg gegeben. Im zweiten Weltkrieg wurden im Prinzip die gleichen Mechanismen wie im Ersten
Weltkrieg angewandt. Die Güterproduktion wurde auf Kriegsgüter umgestellt, es wurden Höchstpreisvorschriften erlassen und der Krieg wurde
durch die Zentralbank finanziert. Bei der Kriegsfinanzierung ging man allerdings anders vor als 1914. Kriegsanleihen waren, da sie nach 2018 am
Wert verloren hatten, in Verruf geraten. Der Staat besorgte sich das Geld dadurch, dass er die Banken zwang, Staatsanleihen zu kaufen, wobei die Banken mit Krediten bezahlten, die sie von der Zentralbank erhielten. Es handelte sich um eine Kriegsfinanzierung, die von der Öffentlichkeit unbemerkt blieb. Auch hier entstand eine hohe Menge an Geld, das jedoch nicht
zum Kauf von Gütern verwendet werden konnte, da die Güter knapp waren.

Nach dem Krieg 1945 hätte es infolge der Güterknappheit, der unterdrückten Preissteigerung und der hohen Geldmenge - wie nach 1918 - eigentlich
eine offene Inflation geben müssen. Dazu kam es nicht, weil die Nachfrage
nach Gütern künstlich begrenzt wurde, indem nur auf Bezugsschein gekauft
werden konnte. Da die Nachfrage gering war, stiegen die Preise nicht. Das
Geld war dennoch wenig wert, da es nichts zu kaufen gab. Die Menschen
wichen auf Schwarzmärkte und auf Tauschhandel aus. Getauscht wurde
vorzugsweise mit Zigaretten (Zigarettenwährung).

Die verdeckte Inflation endete ebenfalls mit einer Währungsreform. Unter
Ludwig Erhard wurde 1948 eine neue Währung eingeführt, die Deutsche
Mark. Die Guthaben in der alten Währung wurden nicht wie 1923 völlig

wertlos, sondern unter starken Kürzungen auf Deutsche Mark umgestellt, sodass ein großer Teil der vorhandenen Geldmenge und damit auch Geldforderungen beseitigt wurden. Es handelte sich um einen Währungsschnitt. Von großer Bedeutung war die Aufhebung der Preisbindung (Höchstpreisvorschriften), sodass sich die Preise durch Angebot und Nachfrage am Markt bilden konnten. Die Freigabe der Preise hatte, da das Güterangebot noch unzureichend war, die unangenehme Folge, dass es zu hohen Preissteigerungen kam. Infolge des Währungsschnitts stand weniger Geld zur Verfügung und viele Menschen konnten die gestiegenen Preise nicht bezahlen[13]. Der Start der Deutschen Mark war somit nicht günstig. Jedoch hatte das von Erhard verfolgte marktwirtschaftliche Konzept – das Konzept der sozialen Marktwirtschaft –, dessen Grundidee der freie, nicht durch Kartelle und Verzerrungen beeinträchtigte Wettbewerb ist, langfristig Erfolg.

Die Inflation 1923 wurde durch das unzureichende Güterangebot, den Verlust des Glaubens an das Geld und an die Regierung sowie die vorhandene hohe Geldmenge, die die Bezahlung steigender Preise ermöglichte, verursacht. Eine hohe Geldmenge allein führt nicht zwangsläufig zu einer Inflation der Konsumgüterpreise. Ist das Güterangebot und der Wettbewerb unter den Anbietern der Güter hoch, können die Preise unter dem Gesichtspunkt von Angebot und Nachfrage nur moderat steigen, wie die letzten Jahrzehnte zeigen. Eine Preissteigerung kann es dann nur durch höhere Produktionskosten geben, zum Beispiel durch höhere Löhne oder höhere Ölpreise.

---

13 Sudrow, Kleine Ereignisgeschichte der Währungsreform 1948; http://www.bpb.de/apuz/271679/kleine-ereignisgeschichte-der-waehrungsreform-1948?p=all

10. Die Assetinflation

Die Assetinflation ist eine Aufblähung der Vermögenspreise, weshalb sie auch als Blase bezeichnet wird. Eine Assetinflation entsteht vornehmlich bei Aktien. Wir wollen uns daher hier mit der Assetinflation bei Aktien beschäftigen.

Zwischen Aktien – und anderen Vermögensgegenständen – und Konsumgütern besteht ein wesentlicher Unterschied. Konsumgüter werden produziert und landen über Zwischenhändler beim Verbraucher, wo sie konsumiert werden. Bei Aktien - und anderen Vermögensgegenständen - ist das anders. Aktien werden hin und her verkauft. Konsumgüter werden laufend neu produziert, wobei die Produktion infolge automatisierter Produktionsverfahren leicht erhöht werden kann. Neue Aktien werden hingegen nur selten emittiert, sodass das Angebot an Aktien konstant ist. Das hat Auswirkungen auf die Preise. Während die Preise für Konsumgüter kontinuierlich steigen (Chart zu Fußnote 8), ist dies bei Aktien nicht in gleicher Weise der Fall. Die Preise für Aktien, die Aktienkurse, müssen grundsätzlich wie alle Preise zwangsläufig steigen. Eine Aktiengesellschaft macht wegen zwangsläufig steigender Preise Gewinn, sodass ihr Eigenkapital steigt. Damit steigt der Wert der Aktiengesellschaft und damit der Wert der Beteiligung an der Aktiengesellschaft, der Wert der Aktie.

Die Aktienkurse steigen langfristig. Kurzfristig schwanken sie erheblich. Dies kann dazu führen, dass es bei einem Vergleich von Aktienkursen über einen längeren Zeitraum keinen Anstieg gegeben hat. Der nachstehende Chart zeigt, dass der amerikanische Aktienindex Dow Jones Industrial Average – kurz Dow Jones – in 1975 derselbe war wie 1960 (617 bzw. 616 Zähler)[14].

---

14   Eigene Darstellung; Daten aus https://de.wikipedia.org/wiki/Dow_Jones_Industrial_Average

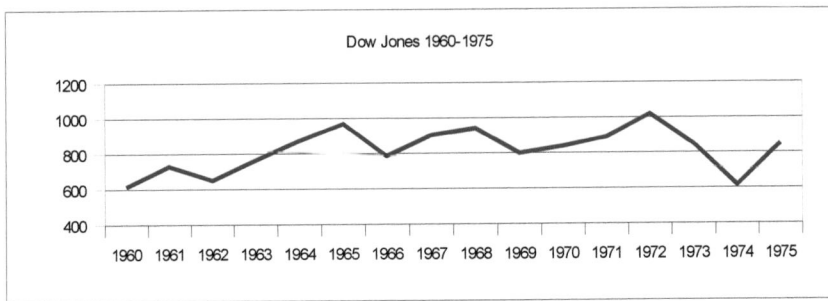

Dow Jones 1960-1975

Die Aktienkurse schwanken, weil mit Aktien spekuliert wird. Aktien werden häufig nicht in der Absicht gekauft, sie lange zu halten, sondern sie wieder zu verkaufen, sobald ihr Kurs gestiegen ist. Die Aktienkurse steigen, wenn Aktien stark nachgefragt werden. Steigt die Nachfrage über einige Zeit, ist das ein Signal für viele, Aktien zu kaufen, da Gewinne in Aussicht stehen. Dann kann es leicht zu einer Euphorie und zu einer Assetinflation kommen. Der Kurs kann eine Höhe erreichen, die einen Zusammenhang zwischen Gewinn und Aktienkurs nicht mehr erkennen lässt. Die Aktienkurse haben sich verselbständigt. Für die Aktiengesellschaften bedeuten hohe Aktienkurse einen hohen Börsenwert. Der Börsenwert ist etwas anderes als der Wert, den die Aktiengesellschaft in Form von Gebäuden und Maschinen besitzt.

Eine Inflation der Konsumgüterpreise bedeutet eine Entwertung des Geldes. Die Zentralbank reagiert auf einen drohenden Geldwertverlust mit einer Verknappung des Zentralbankgeldes und mit höheren Zinsen. Eine Assetinflation bedeutet eine Steigerung des Vermögens und wird als etwas Positives betrachtet. Die Zentralbank reagiert auf eine Steigerung des Vermögens bzw. eine Assetinflation nicht.

Das Kennzeichen einer hohen Inflation ist ein starker Anstieg der Konsumgüterpreise in kurzer Zeit, wie die Inflation in den Jahren 1920 bis 1923 zeigt. Das gilt auch für die Assetinflation. Der starke Anstieg in kurzer Zeit ist mit dem menschlichen Gewinnstreben zu erklären, das keine Grenzen kennt. Eine hohe Inflation endet, wenn sie nicht durch die Zentralbank verhindert würde, mit einem Verlust an Geldwert bzw. an Kaufkraft. Das Ende einer Assetinflation, das als Platzen einer Blase bezeichnet wird, endet mit einem Absturz der Aktienkurse und mit einem hohen Verlust an Vermögen.

In der Geschichte gibt es viele Beispiele für Assetinflationen. Zu nennen sind die holländische Tulpenblase im 17. Jahrhundert, wo eine Tulpenzwiebel den Wert eines Hauses erreichte, und die japanische Immobilienblase in den 1980er Jahren, in denen das Grundstück des Kaiserpalastes in Tokio soviel wert war wie der gesamte kalifornische Grundbesitz.

Ich habe drei Fälle der Assetinflation bei Aktien ausgewählt, die mir besonders aufschlussreich erscheinen.

<u>Erster Fall: John Law:</u>

John Law war einer der ersten Geldtheoretiker, der die Möglichkeiten des Papiergeldes erkannt hatte. In Frankreich bekam er die Gelegenheit, seine Erkenntnisse in die Praxis umzusetzen. Zu Beginn des 18. Jahrhunderts stand Frankreich nach dem Tode des Sonnenkönigs Ludwigs XIV., der zahlreiche kostspielige Kriege geführt hatte, vor dem Staatsbankrott. Der Nachfolger suchte nach Möglichkeiten, der hohen Staatsschulden Herr zu werden. Er vertraute sich Law an.

Law erhielt die Erlaubnis zur Gründung einer privaten Bank, der Banque Générale. Diese Bank - eine Aktiengesellschaft - gab Aktien aus, die mit Silbermünzen - dem offiziellen Zahlungsmittel – und auch mit Staatsanleihen bezahlt werden konnten. Die Staatsanleihen waren, da der Staat praktisch bankrott war, nicht mehr viel wert. Für die Käufer der Aktien, die mit Staatsanleihen zahlten, war der Kauf der Aktien daher eine interessante Sache. Auch die Bank hatte einen Vorteil. Die Nachfrage nach ihren Aktien stieg, da viele ihre Staatsanleihen los werden wollten. Durch die hohe Nachfrage stieg ihr Renommee. Da die Bank durch den Verkauf der Aktien auch Silbermünzen erhielt, konnte sie Kredite durch Ausstellung von Schuldscheinen, in denen sie sich zur Zahlung von Silbermünzen verpflichtete, vergeben. Diese Schuldscheine – vergleichbar mit den Zetteln der Zettelbanken – wurden vom Staat zur Zahlung von Steuern und daher allgemein akzeptiert. Sie wurden zum Zahlungsmittel und damit zu Geld.

Die Bank vergab auch Kredite durch die Ausgabe von Schuldscheinen, die entgegen der staatlichen Anordnung nicht durch Silbermünzen gedeckt waren. Law hatte - wie die Zettelbanken - dahingehend kalkuliert, dass nur wenige Besitzer der Schuldscheine die Auszahlung von Silbermünzen verlangen werde. Diese Kalkulation ging auf. Nachdem die Bank die staatliche Münze erworben hatte un unter Änderung ihres Namens in Banque Royal vom Staat übernommen worden war, stellte sie – Law wurde ihr Direktor – Schuldscheine offiziell ohne Deckung durch Silbermünzen aus. Die Schuldscheine hatten nun die Aura des staatlichen Geldes und der staatlichen Garantie, dass sie jederzeit in Silbermünzen umgetauscht werden konnten. Die von Law geführte Bank konnte nun Geld in beliebigem Umfang herstellen. Sie stellte dem Staat Geld zur Verfügung, sodass der Staat zahlungsfähig blieb. Die Wirtschaft erhielt Kredite und florierte. Law stand in hohem Ansehen.

Exkurs:
Möglicherweise war Law's Papiergeldexperiment die Vorlage für die Szene in Goethes Faust II, in der Mephisto den von Geldnöten geplanten Kaiser veranlasst, eine Urkunde (Schuldschein) zu unterschreiben. Mephisto vervielfältigt die Urkunde und bringt sie in Umlauf. Die kaiserliche Urkunde wird allgemein als Zahlungsmittel akzeptiert. Die Menschen haben viel Geld und gehen einkaufen. Die Wirtschaft floriert. Die Steuereinnahmen fließen und der Kaiser hat keine Geldnöte mehr.
Übrigens: Goethe war Finanzminister am Weimarer Hof und als solcher mit den Problemen der Staatsfinanzen vertraut.

Law wäre als Retter Frankreichs in die Geschichte eingegangen, hätte er es bei der Einführung des Papiergeldes bewenden lassen. Jedoch er hatte Größeres vor.

Mit leicht herstellbarem Geld erwarb Law die Handelsrechte für die französischen Besitzungen in Nordamerika. Da am Mississippi Goldlagerstätten vermutet wurden, die Law erschließen wollte, gründete er die Mississippi-Gesellschaft. Deren Aktien wurden vielfach mit Krediten gekauft, die die Banque Royal zur Verfügung stellte. Die Kredite waren durch die Aktien, die wegen der Goldgewinnung eine hohe Wertsteigerung erwarten ließen, gedeckt. Die Hoffnung auf die Goldgewinnung führte dazu, dass breite Bevölkerungsschichten Aktien kaufen. Es entstand eine grenzenlose Euphorie. Die Aktien der Mississippi-Gesellschaft waren im Dezember 1719 zwanzigmal so viel wert wie im Frühjahr. Ende 1719 hatte der Kursanstieg den Höhepunkt erreicht. Einige Anleger verkauften, unbemerkt von der Masse, ihre Aktien. Als Anfang 1920 zwei Großaktionäre ihre Aktien verkauften, setzte eine Verkaufslawine ein und der Kurs stürzte ab[15]. Über den Grund, warum

---

15   Haldner, Die Mississippi-Blase von 1720 https://www.fuw.ch/article/die-mississippi-blase/

Anleger verkauften, kann man nur Vermutungen anstellen. Vielleicht hatten Anleger Informationen, dass es kein Gold am Mississippi gab, vielleicht war ihnen der schnelle Kursanstieg auch einfach nicht geheuer.

Die Kredite, die die Royal Bank zum Kauf der Aktien vergeben hatte, waren nicht mehr durch Aktienvermögen gedeckt und wurden notleidend. Es entstand Skepsis gegenüber der von Law geführten Banque Royal. Die Besitzer des Papiergeldes verlangten die Auszahlung von Silbermünzen, wozu die Bank nicht in der Lage war. In der Folge kam es zu einer schweren Rezession.

Der Fall zeigt, dass die von Law gegründete Bank von Anfang an in dem Prozess der Assetinflation involviert war. Es begann damit, dass sie wertlose Staatsanleihen zur Bezahlung des Kaufpreises für die Bankaktien akzeptierte. Die Aktien waren insofern Vermögen ohne Substanz.

<u>Zweiter Fall: Der Schwarze Donnerstag 1929:</u>

Der Schwarze Donnerstag 1929 ist der wohl bekannteste Fall des Absturzes von Aktienkursen, dem ein fulminanter Kursanstieg vorausgegangen war, wie der nachstehende Chart zeigt[16].

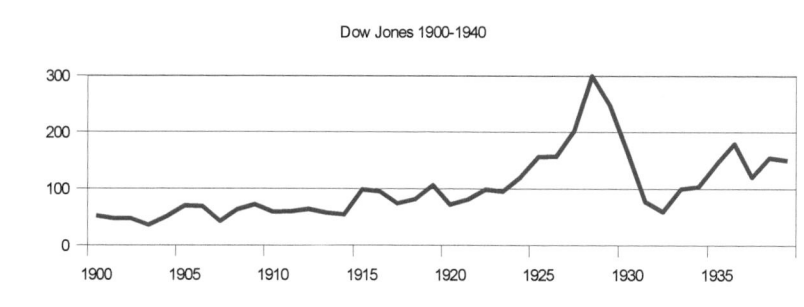

Dow Jones 1900-1940

Der Dow Jones stieg von 1900 bis 1923, somit innerhalb von 23 Jahren, um 85 %. Der Anstieg von 1924 bis 1928, somit innerhalb von nur 4 Jahren beträgt 149%. Der Anstieg in den einzelnen Jahren stellt sich wie folgt dar:

---

16 Eigene Berechnung und Darstellung; Daten aus https://de.wikipedia.org/wiki/Dow_Jones_Industrial_Average

1924:	26,2%
1925:	30,0%
1926:	0,3%
1927:	28,8%
1928:	48,2%
Durchschnitt:	26,7%

Auch in diesem Fall waren die Banken involviert. Es wurden viele Aktien auf Kredit gekauft. Die Käufer leisteten nur eine Anzahlung von 10% oder 20%, den Rest stellte die Bank[17]. Das heißt, dass die Banken die Aktien in eigenem Namen, aber für fremde Rechnung kauften und die Aktien als Sicherheit behielten. Den Kaufpreis, den sie an eine andere Bank mit Zentralbankgeld oder an eine Nicht-Bank mit Geld zahlten, wurde mit Gegenforderungen der anderen Banken oder Nicht-Banken per Clearing verrechnet, sodass nur ein relativ geringer Saldo als Schuld verblieb. Das erklärt, weshalb die Kredite zwischen 1924 und 1928 im jährlichen Durchschnitt nur um 5,5% stiegen, der Dow Jones jedoch um 26,7%[18].

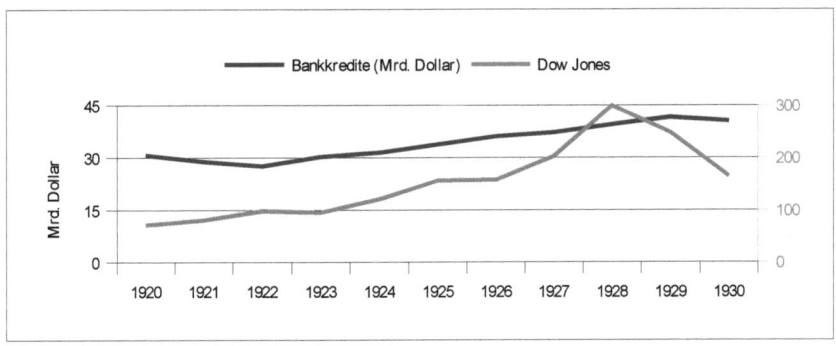

Interessant ist die Frage, ob die Höhe der Zinsen eine Rolle gespielt hat. Der Leitzins lag zwischen 1924 und 1928 bei 4%[19] und war damit recht hoch.

---

17 Knappmann, „Börsencrash 1929" www.manager-magazin.de/finanzen/artikel/schwarzer-freitag-der-boersencrash-1929-a-324425.html
18 Eigene Darstellung; Daten aus
    1) www.stlouisfed.org Research and data – FRED Economic Data – Browse data by - Category – Academic Data – Banking and Monetary Statistics 1914-1941 – Section 1 – General Statistics of All Banks in the United States – Total Loans in all Banks in the United States
    2) https://de.wikipedia.org/wiki/Dow_Jones_Industrial_Average
19 Eigene Darstellung; Daten aus: www.stlouisfed.org – Research and Data – Fred Economic Data – Browse Data by - Category – Academic Data – NBER Macrohistory Database – Interest Rates – Discount Rates, Federal Reserve Bank of New York for the United States

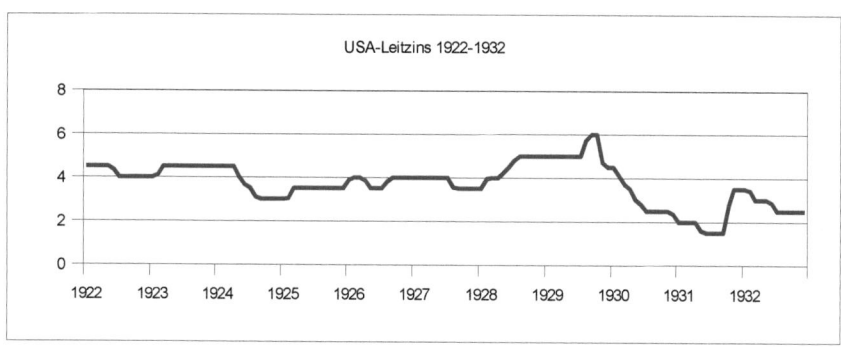

USA-Leitzins 1922-1932

Die Höhe der Zinsen war für die Assetinflation offensichtlich nicht ausschlaggebend. Entscheidend war die Realwirtschaft, die in den 1920er Jahren einen enormen Aufschwung verzeichnete. Es war eine Zeit neuer technischer Möglichkeiten. Die Erfindung des Fließbandes verringerte die Kosten der Autoproduktion drastisch und der Kauf eines Autos wurde für breite Bevölkerungsschichten erschwinglich. Es wurden neue Elektrogeräte (Radios, Elektrogeräte) produziert. Die Nachfrage nach Autos und neuen Elektrogeräten stieg und damit die Beschäftigung. Der Wirtschaftsaufschwung führte zu einer grenzenlosen Euphorie. Die 1920er Jahre werden daher als die „Goldenen Zwanziger" bezeichnet, in den USA als „The Roaring Twenties" (Die Tobenden Zwanziger). Die Erfolge der Unternehmen der Realwirtschaft führten zu Kurssteigerungen und zur Spekulation mit Aktien, die alle Bevölkerungsschichten erfasste.

Die Euphorie verleitete dazu, dass Warnsignale nicht erkannt oder ignoriert wurden. Die amerikanische Zentralbank hob den Leitzins im Januar 1928 an, ohne dass der Aktienmarkt reagierte. Sie forderte die Banken im Februar 1929 auf, ihre Reserven – d.h. Ihre Überschussreserven, die die Mindestreserve übersteigen - nicht für Spekulationszwecke zu verwenden, was zu einem Anstieg der Zinsen für kurzfristige Kredite zur Finanzierung der Börsengeschäfte von 12% auf 20% führte, aber nur ein leichtes Nachgeben der Kurse bewirkte[20]. Bei der Kurssteigerung von 48% in 1928 spielten die hohen Zinsen offensichtlich keine Rolle. Im Frühjahr 1929 zeigten sich überall Schwächezeichen der Konjunktur[21]. Mit der Erhöhung des Leitzinses ab Juli 1929 auf 6% musste aber klar sein, dass die Banken nun weniger groß-

---

20   Knappmann a.a.O.
21   Martin, Panik an der Wall Street https://www.zeit.de/1987/44/panik-an-der-wall-street/komplettansicht

zügig mit Krediten zum Kauf von Aktien sein würden, sodass die Nachfrage nach Aktien sinken würde. Es dauerte aber noch bis zum 24. Oktober 1929. An diesem Tag stürzten die Aktienkurse ab. Dieser Tag ist als der „Schwarze Donnerstag" in die Geschichte eingegangen. Er wird in Deutschland als „Schwarzer Freitag" bezeichnet, da der Kurssturz wegen der Zeitverschiebung erst am folgenden Freitag in Europa bekannt wurde.

Der Kurssturz erfolgte ohne erkennbaren Anlass, sozusagen wie ein Blitz aus heiterem Himmel. Einigen Großaktionären war der letzte Kuranstieg von 48% offenbar nicht mehr geheuer. Sie verkauften wie im Fall der Mississippi-Gesellschaft rechtzeitig zu einem noch hohen Kurs.

Interessant ist der Ablauf des Handels an der New Yorker Börse am 24. Oktober 1924, wie er von Martin[22] geschildert wird. Danach begann die Börse mit leichten Kursgewinnen. Aber bereits kurz nach Eröffnung der Börse wurden große Aktienpakete zum Verkauf angeboten, was ungewöhnlich war, da der Verkäufer normalerweise die Kursentwicklung über den Tagesverlauf abwartet, um einen möglichst guten Kurs zu erhalten. Wenig später wurden weitere hohe Mengen an Aktien zum Verkauf gestellt. Es kam zum Absturz der Kurse. Banken versuchten in den folgenden Tagen vergeblich, die Kurse zu stabilisieren. Der Kursrückgang war jedoch nicht aufzuhalten. Er dauerte bis 1932. Der Dow Jones fiel von Ende 1928 bis Ende 1932 um 80%.

Von den Aktienkäufern, die nur eine Anzahlung geleistet hatten, wurde Zahlung verlangt, was vielen nicht möglich war. Da die Sicherheiten infolge des Verfalls des Aktienvermögens nicht mehr ausreichten, kam es zu Insolvenzen. Viele Banken gingen pleite, was sich negativ auf die Realwirtschaft auswirkte. Es wurden weniger Bankkredite vergeben. Die Bankkredite, die 1929 noch bei 41 Mrd. $ gelegen hatten, sanken auf 22 Mrd. $ in 1933[23]. Dies hatte eine sinkende Nachfrage nach Gütern und ein sinkendes Wirtschaftswachstum zur Folge. Das Wirtschaftswachstum sank von 1929 bis 1933 um 45%[24]. Daran vermochte auch die Senkung des Leitzinses nichts zu ändern, der ab 1929 von 6% auf bis auf 1,5% in 1931 gesenkt wurde (Chart zu Fußnote 19).

---

22 Martin a.a.O.
23 Siehe Fußnote 18
24 Eigene Berechnung; Daten aus www.bea.gov - Tools – Interactive Data – National Data/GDP & Personal Income – Begin using Data... – Section 1 DOMESTIC PRODUCT AND INCOME Table 1.1.5. Gross domestic product – Modify (First Year 1950 Last Year 2017) – Series Annual – Refresh Table

Die hohen Einbrüche bei Vermögen und Wirtschaftswachstum wirkten sich verheerend aus. Die Rezession nach 1929 wird daher als „Große Depression" bezeichnet. Von der Regierung wurden im Rahmen des „New Deal" große Konjunkturprogramme aufgelegt, unter anderem durch Gründung der Tennessee Valley Authority, ein Staatsunternehmen mit der Aufgabe, Wasserkraft- und Flussregierungsanlagen zu bauen.

Dritter Fall: Die Assetinflation durch die Internet-Unternehmen:

Die 1990er sind Jahre eines beginnenden Umbruchs. Durch Computer und Internet entsteht eine neue Informations- und Kommunikationstechnik. Es kommt zu einer Welle der Deregulierung und Liberalisierung, als Neoliberalismus bezeichnet. Der Ostblock bricht zusammen und in China beginnen Reformen. Finanztransaktionen können weltweit in Sekundenschnelle abgewickelt werden. Es entsteht das, was mit Globalisierung bezeichnet wird.

Viele Unternehmen richteten sich auf die neue Informations- und Kommunikationstechnik ein. Es entstand eine „Neue Wirtschaft" (New Economy). Die Telekom, ehemals ein Teil der staatlichen Deutschen Post, und Mannesmann, ehemals ein deutsches Industrieunternehmen der Schwerindustrie, stiegen in das Geschäft der Mobilfunktechnik ein. Es entstanden viele neue Unternehmen, die sogenannten Internet- oder Dotcom-Unternehmen. Um diesen Unternehmen die Möglichkeit zu eröffnen, sich Geld durch Emission von Aktien zu beschaffen, wurde in Deutschland ein besonderes Börsensegment „Neuer Markt" mit dem Aktienindex Nemax geschaffen.

Die Neuerungen lösten eine große Euphorie aus. In Deutschland wurde der Börsengang der Telekom 1996 mit großem Werbeaufwand vorbereitet und Kleinanleger wurden zum Kauf ihrer Aktien ermuntert. Es wurden Aktien auf Kredit gekauft. Die Aktienkurse stiegen, sowohl in den USA als auch in Deutschland. Der Dow Jones[25] stieg von 1995 bis 1999 um 125%, der DAX[26] um 208%. Der Anstieg in den einzelnen Jahren stellt sich wie folgt dar:

---

25 Eigene Berechnung; Daten aus https://de.wikipedia.org/wiki/Dow_Jones_Industrial_Average
26 Eigene Berechnung, Daten aus: https://de.wikipedia.org/wiki/DAX

	Dow Jones	DAX
1995:	33,5%	7,0%
1996:	26,0%	28,2%
1997:	22,6%	47,1%
1998:	16,1%	17,7%
1999:	25,2%	39,1%
Durchschnitt:	24,7%	27,8%

Wie vor 1929 waren auch vor 2000 die Zinsen recht hoch. Der US-Leitzins betrug zeitweise 6%, der Zins für amerikanische hochklassige Bankkredite 9%. Der deutsche Leitzins bzw. Diskontsatz war deutlich geringer[27].

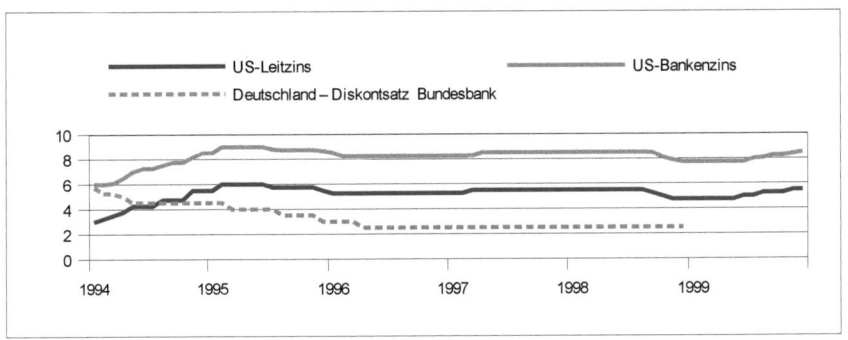

Zwischen 1995 und 1999 sind die Bankkredite um 45%[28] und der Dow Jones – wie gesagt – um 125% gestiegen. Der relativ geringe Anstieg der Kredite kann auch hier nur damit erklärt werden, dass die Unternehmen der Finanzwirtschaft, die Banken und Nicht-Banken, als Käufer und Verkäufer ihre gegenseitigen Forderungen per Clearing verrechneten.

Im Hinblick auf den starken Anstieg der Aktienkurse gab es auch in diesem Fall Warnsignale. Zu nennen ist die wiederholte Anhebung des US-Leitzin-

---

27 Eigene Darstellung; Daten aus :
    1) US-Leitzins Siehe Fußnote 6
    2) US-Bankzinsen: www.stlouisfed.org – Research & Data – FRED Economoc Data Browse by Category – Money, Banking & Finance – Prime Bank Loan Rate
    3) Deutschland Diskontsatz https://www.bundesbank.de/de Statistiken – Geld- und Kapitalmärkte – Zinssätze und Renditen – Notenbank-Zinssätze – Tabellen – DiskontsatzLombardsatz, und Basiszinssatz
28 Eigene Berechnung; Daten aus www.federalreserve.gov - Data – Financial Accounts – Financial Accounts of the United States Z.1 – Current Release DDP – Build Your package – 1. Data Set: Financial Accounts of the United states Z.1 – 2. Prefix: FL Levels NSA – 3. Sector: 70 Private depository institutions (S122) 4. Instrument Type: 30680 Bank loans not elswhere classified – asset - 5. Series type: Computed series - 6. Frequency: Annual- Add to package – Formate package -Dates: From 1950 to 2020 – Go to download – Download file

ses seit Juni 1999 (Chart zu Fußnote 5). Hinzu kamen mehrere negative Signale aus der Realwirtschaft. Die Nemax-Unternehmen machten keine Gewinne. Ein großer amerikanischer Chiphersteller gab eine Gewinnwarnung heraus. Es gab Gerüchte über eine falsche da zu hohe Bewertung des Immobilienvermögens der Telekom - die sich später bestätigten - und falsche Gewinnprognosen einiger Unternehmen. Nach der Insolvenz einiger Internetunternehmen setzte auf breiter Front der Verkauf der Aktien dieser Unternehmen ein. Die Kursverluste wirkten sich auf alle Aktienmärkte aus. Mitte 2000 setzte der Kurssturz ein. Der Dow Jones fiel von Ende 2000 bis Ende 2002 um 27%, der DAX um 41%. Der deutsche Nemax brach zusammen und wurde abgeschafft. Das Wirtschaftswachstum ging von Ende 1999 bis 2020 zurück, in den USA vom 4,8% auf 1,7%[29] und in Deutschland von 2% auf 0%[30].

---

29 www.bea.gov - Tools – Interactive Data – National Data/GDP & Personal Income – Begin using Data... – Section 1 DOMESTIC PRODUCT AND INCOME Table 1.1.1. Percent Change from Prededing Period in Real grossDomestic Product – Modify – Series Annual – Refresh Table
30 www.destatis.de - Unsere Themenbereiche – Wirtschaft – Volkswirtschaftliche Gesamtrechnungen, Inlandsprodukt – Tabellen – Gesamtwirtschaft – Zeitreihen – Bruttoinlandsprodukt ab 1970 - PDF Datei

11. Die Assetinflation in den USA durch niedrige Zinsen

In 2003 setzte eine Assetinflation ein, die auf niedrige Zinsen zurückzuführen ist. Die amerikanische Zentralbank senkte 2001 den Leitzins auf 1% (Chart zu Fußnote 5). Sie reagierte damit auf die die Internet-Krise 2000 und die Terroranschläge vom 11. September 2001, die eine Rezession befürchten ließen.

Niedrige Zinsen erhöhen die Bereitschaft zum Kauf von Aktien auf Kredit, sodass der Anstieg der Aktienkurse nach 2003 auf die niedrigen Zinsen zurückzuführen ist. Die niedrigen Zinsen hatten aber auch Auswirkungen auf die Finanzprodukte, die auf Schulden beruhten und auf Kredit gekauft wurden. Die Verbriefung von Hypothekenkreditforderungen spielten eine entscheidende Rolle. Sie werden als ABS, Asset Backed Securities - auf Vermögen (Forderungen) beruhende Wertpapiere – bezeichnet. Das Geschäft mit den Verbriefungen florierte so sehr, dass es zu wenig Hypothekenkreditforderungen gab. Um dem abzuhelfen, wurden Hypothekenkredite auch an Einkommensschwache vergeben, sogenannte Subprime Kredite. Als die Zinsen wieder stiegen – die Zentralbank hob ab 2004 den Leitzins bis auf 5,25% an –, konnten viele Kreditnehmer die Zinsen nicht zahlen. Die Verbriefungen verloren an Wert. Die Unternehmen, die in Verbriefungen investiert hatten, verzeichneten hohe Verluste. Ihre Aktienkurse, die zuvor gestiegen waren, brachen ein. Es kam zur Finanzkrise 2008. Die Zinsen stehen somit im Zusammenhang mit den steigenden Aktienkursen und dem Absturz der Aktienkurse 2008.

Wie die befürchtete Krise in 2001 wurde die Finanzkrise 2008 mit niedrigen Zinsen bekämpft. Die amerikanische Zentralbank senkte den Leitzins ab 2008 abrupt auf 0%. Zusätzlich setzte sie erstmals das Instrument der quantitativen Lockerung ein und kaufte in großem Umfang Staatsanleihen und Unternehmensanleihen.

Kauft die Zentralbank von den Banken deren Anleihen, bezahlt sie mit Zentralbankgeld, das sie aus dem Nichts herstellt. Die Bank erhält Zentralbankgeld, das sie nicht durch einen Kredit erhalten hat und das die Mindestreserve übersteigt. Mit der Überschussreserve kann sie großzügig Anleihen von anderen Banken kaufen und ist nicht durch ein Kreditlimit eingeschränkt, das es beim Clearing geben kann. Wenn sie Anleihen von einem anderen

Unternehmen der Finanzwirtschaft – von einer Nicht-Bank – kauft, bucht sie den Kaufpreisbetrag auf dessen Girokonto, was im Hinblick auf die Überschussreserve kein Problem ist. Die Bank verkauft die Anleihen weiter an die Zentralbank, wodurch sie wiederum Zentralbankgeld erhält. Durch den Kauf und Verkauf von Anleihen durch die Banken im Rahmen der quantitative Lockerung ab 2008 stiegen die Zentralbankgeldmenge und die Geldmenge[31].

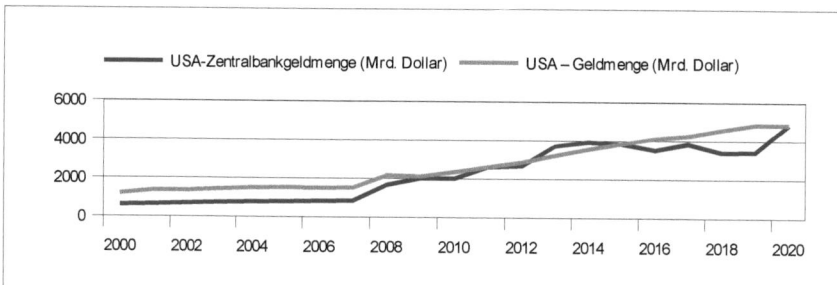

Durch den Ankauf von Anleihen ab 2008 stieg der Bestand an Anleihen bei der amerikanischen Zentralbank wie folgt[32].

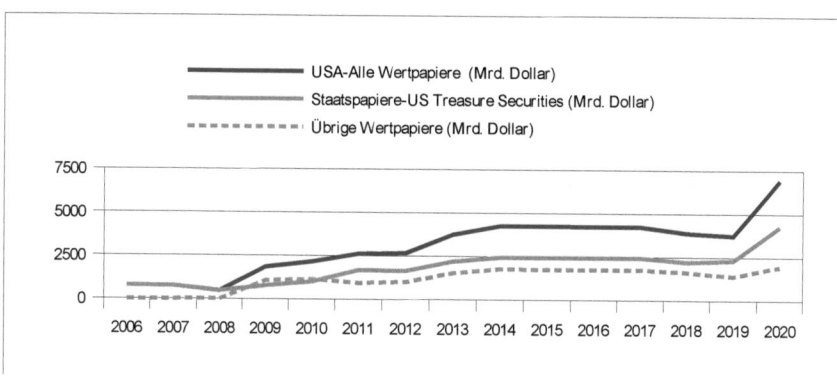

31 Eigene Darstellung; Daten aus
    1) Zentralbankgeldmenge www.federalreserve.gov - Data – Bank Assets and Liabilities – Aggregate Reserves of Depository Institutions and the Monetary Base – H.3 – DDP – Build package – 1. Data set: H.3 Aggregate Reserves of Depository Institutions and the Monetary Base – 2. Reserves: Monetary Base – 3. Reserves (Details): MB_TOT Monetary Base, Total – 4. Frequency: Monthly – Add to package – Formate package – Dates: From 1960 Dec TO 2017 Dec – CSV – Data Labels: Include Layout: Series in Column – Go to Download – Download File   2) Geldmenge Siehe Fußnote 7
32 Eigene Darstellung; Daten aus www.federalreserve.gor Data - Money Stock and Reserve Balances – Money Stock Measures - Factors Affecting Reserve Balances H.4.1 – Release Dates (jeweils Jahresende) - Securities, held outright - US Treasury securities

Durch die hohe Nachfrage der Zentralbank nach Anleihen stiegen die Anleihekurse und dementsprechend sanken die Zinsen. Die Renditen der Staatsanleihen sind im nachstehenden Chart dargestellt[33].

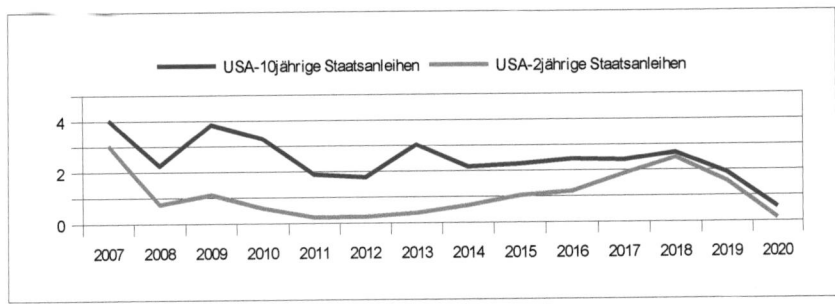

Die amerikanische Zentralbank beendete die quantitative Lockerung 2014. Sie stellte den Ankauf der Anleihen ein, verkaufte aber keine Anleihen, sodass der Bestand an Anleihen bis 2020, dem Ausbruch der Coronakrise, mehr oder weniger unverändert blieb. Die Beendigung der quantitativen Lockerung führte ab 2014 zu einem Anstieg der Renditen für 2jährige Staatsanleihen.

Die quantitative Lockerung wurde 2014 recht spät beendet. Unter dem Gesichtspunkt der Beschäftigung – die Förderung der Beschäftigung gehört zu den Aufgaben der amerikanische Zentralbank – hätte die quantitative Lockerung schon früher beendet werden können. Die Beschäftigung war bereits 2012 auf gutem Weg und die Arbeitslosigkeit sank[34].

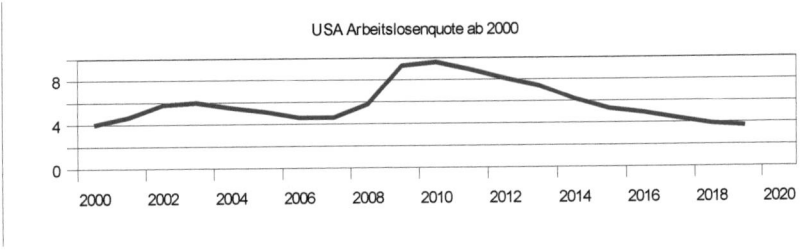

33 Eigene Darstellung; Daten aus: www.invsting.com Markets – Bonds – World Government Bonds – United States – U.S. 10Y bzw. U.S. 2Y
34 Eigene Darstellung; Daten aus www.bls.gov Data Tools –Data retrieval Tools – Databasis, Tables & Calculators by Subject – Unemployment - Labor Force Statistics including the National Unemployment - Tables– Labor Force Statistics from the Current Population Survey -CPS Tables - Annual averages - EMPLOYMENT STATUS - 1. Employment status of the civilian noninstitutional population, 1940s to date (PDF) - Unemployed – Percent of labor force

Dass die Niedrigzinspolitik nicht früher beendet wurde, liegt an der niedrigen Inflationsrate. Die Inflationsrate lag ab 2010 zeitweise unter 2% (Chart zu Fußnote 9) und damit unter dem Wert, den sich die Zentralbanken zur Verhinderung der Deflation gesetzt haben. Die amerikanische Zentralbank hat in einer Verlautbarung vom 24.1.2012 erklärt, eine Inflation von 2% anzustreben[35]. Sie hoffte, das Inflationsziel durch eine hohe Geldmenge zu erreichen. Die Hoffnung ging nicht in Erfüllung.

Wenn viel Geld zur Verfügung steht, steigt die Nachfrage nach Gütern und Assets. Eine steigende Nachfrage nach Konsumgütern muss aber nicht zwingend zu höheren Preisen führen. Die Inflation nach 1918 stand zwar mit einer hohen Geldmenge im Zusammenhang, entscheidende Ursache war jedoch das knappe Güterangebot. Besteht ein Überangebot an Waren und werden die Waren zu niedrigen Kosten hergestellt – zunehmende Automatisierung, Auslagerung der Produktion in Billiglohnländer -, kann es nicht zu einem starken Preisanstieg kommen. Auf eine durch eine steigende Geldmenge initiierte steigende Nachfrage können die Unternehmen erforderlichenfalls ohne weiteres durch die Vergrößerung des Angebots reagieren.

Anders ist die Sache, wenn infolge der hohen Geldmenge Assets – Aktien, Immobilien - stark nachgefragt werden. Das Angebot an Assets kann nicht vergrößert werden und ist daher begrenzt. Infolge steigender Nachfrage steigen die Assetpreise bzw. Aktienkurse stark und es entsteht eine Assetinflation. Die durch die quantitative Lockerung hergestellte hohe Geldmenge wurde unter anderem zum Kauf von Aktien verwendet. Die dadurch steigenden Aktienkursen veranlassten viele Unternehmen der Realwirtschaft zum Kauf von Aktien, da auf leichte Weise Gewinn zu machen war. Sie kauften Aktien ihres eigenen Unternehmens[36] und trugen durch steigende Nachfrage zum Anstieg der Kurse ihrer Unternehmen bei. Dies hatte auch noch den Vorteil, dass der Börsenwert ihres Unternehmens stieg und vor der Übernahme durch ein fremdes Unternehmen geschützt war.

Der Bestand an Unternehmensanleihen bei der amerikanischen Zentralbank stieg von 0 in 2006 auf 1.780 Mrd. $ in 2014 (Chart zu Fußnote 32). Es ist anzunehmen, dass die Nachfrage nach Unternehmensanleihen durch die

---

35   https://www.federalreserve.gov/monetarypolicy/files/FOMC_LongerRunGoals.pdf
36   Siehe https://www.yardeni.com/pub/buybackdiv.pdf

amerikanische Zentralbank das vorhandene Verkaufsangebot überstieg und dass neue Anleihen von den Unternehmen emittiert wurden, wodurch die Unternehmen sich zusätzlich verschuldeten. Dies würde die steigende Verschuldung der Unternehmen der Realwirtschaft ab 2008 erklären (Chart zu Fußnote 4). Dann aber haben die Unternehmen die Aktien, die sie gekauft haben, zum Teil mit Krediten bezahlt. Die gestiegenen Aktienkurse bzw. das Aktienvermögen beruhen auf Schulden und nicht auf Gewinn bzw. Eigenkapital, somit nicht auf Arbeitsleistung. Es ist ohne Substanz.

Infolge der niedrigen Zinsen, ab 2008 verstärkt durch die quantitative Lockerung, sind die Aktienkurse wie folgt gestiegen[37].

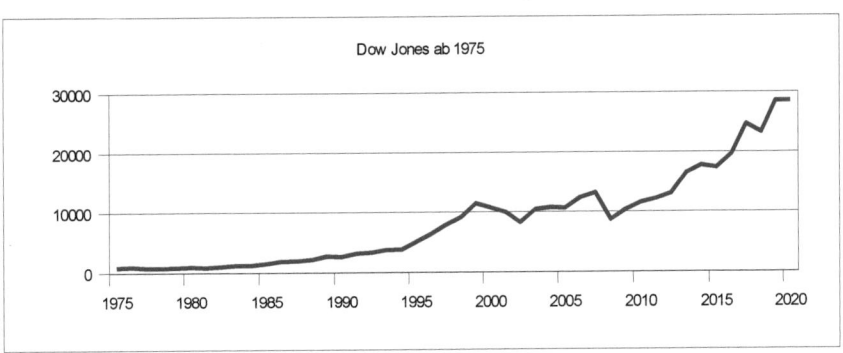

Dow Jones ab 1975

Ein Kursanstieg durch eine quantitative Lockerung ist von einem Kursanstieg durch Euphorie zu unterscheiden. Bei einer Euphorie steigen die Kurse innerhalb weniger Jahre in unterbrochener Folge sprunghaft an, bevor sie abstürzen. Ein Kursanstieg durch niedrige Zinsen ist weniger stark. Zu einem Kursabsturz kann es kommen, wenn die Zinsen steigen, wie dies vor 2008 der Fall war-

Der Kursanstieg des Dow Jones für die einzelnen Jahre stellt sich wie folgt dar:

Von 2003 bis 2007:

2003:   25,3%
2004:   3,2%

---

37   Eigene Berechnung; Daten aus Siehe Fußnote 25

2005:   -0,6%
2006:   16,3%
2007:   6,4%

Von 2009 bis2019:

2009:   18,8%
2010:   11,0%
2011:   5,5%
2012:   7,3%
2013:   26,5%
2014:   7,5%
2015:   -2,2%
2016:   13,4%
2017:   25,1%
2018:   -5,6%
2019:   22,3%

Die Kurse infolge des Kaufs auf Kredit geben nicht – ebenso wenig wie im Falle einer Euphorie - die reale Gewinnsituation der Unternehmen wieder. Von diesen Kursen kann daher nicht auf die wirtschaftliche Stärke der Unternehmen geschlossen werden.

Beim Aktienkauf stellt sich die Frage, ob der Kurs angemessen oder überhöht ist. Ist er überhöht, ist unter Umständen mit einer Kurskorrektur bzw. einem Kursrückgang zu rechnen. Eine Kennzahl für die Angemessenheit des Kurses ist das Kurs-Gewinn-Verhältnis – KGV. Es stellt den Kurs ins Verhältnis zum Gewinn der Aktiengesellschaft.

Exkurs: Das KGV
Das KGV wird gebildet, indem man den Aktienkurs durch den (erwarteten) Gewinn pro Aktie dividiert. Beträgt zum Beispiel bei einem Kurs von 100 € der Gewinn 5 €, ergibt sich ein KGV von 20, was einer Rendite von 5% entspricht. Beträgt der Gewinn 4 €, ergibt sich ein ein KGV 25 (100 € dividiert durch 4) Die Rendite ist 4%. Je höher somit das KGV ist, umso geringer ist die Rendite. Ein KGV von 10 gilt als günstiger Kurs. Bei einem KGV von 30 gilt der Kurs als überhöht und die Aktie als zu teuer.

Das KGV hat aber in dem Fall, in dem das Unternehmen den Gewinn nicht durch Produktion von Gütern, sondern durch Kauf von Aktien auf Kredit gemacht hat, nur eine begrenzte Aussagekraft. Solange die Zinsen niedrig sind und das Unternehmen durch Investition in Aktien Gewinn machen kann, ist eine Kurskorrektur nicht zu befürchten. Die Beurteilung, ob der Kurs angemessen ist oder nicht, hängt von der Einschätzung der künftigen Zinsentwicklung ab. Daher ist auch ein Vergleich des aktuellen KGV mit einem historischen KGV nicht in jedem Fall möglich, wie ein Vergleich des hohen KGV des Jahres 2018 mit dem hohen KGV von 1929 zeigt.

Der Wirtschaftswissenschaftler Shiller hat für den Aktienindex S&P ein besonderes KGV gebildet - das Shiller-KGV. Das Shiller-KGV legt die durchschnittlichen, um die Inflation bereinigten Unternehmensgewinne der letzten 10 Jahre zugrunde. Das Shiller-KGV, dessen Durchschnitt bei 17 liegt, hat für 1929 den Wert 32,60. Dieser Wert wurde kurzzeitig im September 2018 erreicht[38]. Die Parallele zu 1929 führte zu der Befürchtung eines Kursabsturzes. Es gab jedoch keinen Absturz. Die hohen Kurse und das hohe KGV im September 2018 beruhten auf niedrigen Zinsen, deren Ende nicht abzusehen war, sodass ein Kursrückgang nicht zu befürchten war.

---

[38] Siehe https://www.welt.de/finanzen/article172294342/Shiller-KGV-Boersenblasen-Barometer-uebersteigt-Wert-von-1929.html#cs-lazy-picture-placeholder-01c4eedaca.png

12. Die Assetinflation in Deutschland durch niedrige Zinsen

Die EZB senkte den Leitzins nach der Finanzkrise 2008 auf 1%. Sie hob ihn 2011 wieder an und senkte ihn anschließend wieder. Erst 2015 - fünf Jahre später als die amerikanische Zentralbank - senkte sie den Leitzins auf 0%[39].

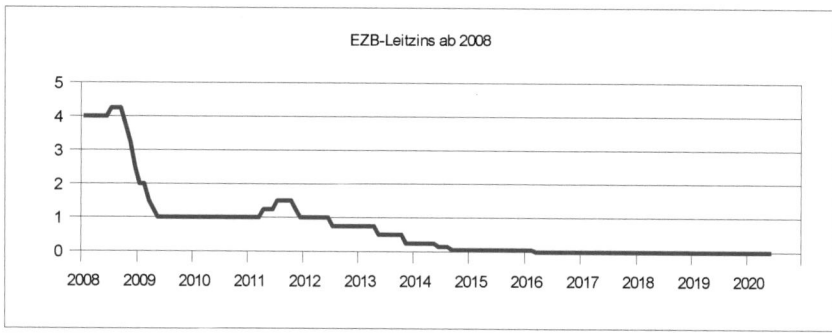

Ebenfalls erst in 2015 begann die EZB mit der quantitativen Lockerung. Die quantitative Lockerung mit der Bezeichnung Asset Purchase Progamme – APP (Vermögenskaufprogramm) sollte 2018 enden. Sie besteht aus vier Teilen. Der wichtigste Teil ist, da er 80% des APP ausmacht[40], das Public Sector Purchase Programme - PSPP-, dessen Inhalt der Ankauf von Anleihen öffentlicher Körperschaften (Staatsanleihen) ist.

Durch den Ankauf von Anleihen stiegen die Zentralbankgeldmenge und die Geldmenge wie folgt[41]:

39 Eigene Darstellung; www.ecb.europa.eu - Monetary Policy – Monetary policy decisions - Key interest rates – current and past rates – Fixed rate
40 Siehe EZB https://www.ecb.europa.eu/mopo/implement/omt/html/index.en.html
41 Eigene Darstellung; Daten aus :
   1) Zentralbankgeldmenge: https://sdw.ecb.europa.eu/ – Publications – Statistics Bulletin – 1. Monetary Policy Statistics – 1.4 Minimum reserve and liquidity statistics/ Data - 22 Series listed from the Selected Data Sets – Title am Ende Base Money; Schlüssel ILM.U2.C.LT 00001.Z5. EUR – Monatsendwerte
   2) Geldmenge: https://sdw.ecb.europa.eu/ Publications – Momey credit and banking – Monetary aggregates M1 and componts – 79 series listet – Title (Nr.8) : Monetary aggregate M1 vis-a-vis euro area non-MFI excl. central gov. reported by MFI & central gov. & post office giro Inst. in the euro area (stock) – Key BSI.M.U2.Y.V.M10.X.1.U2.2300.Z01.E

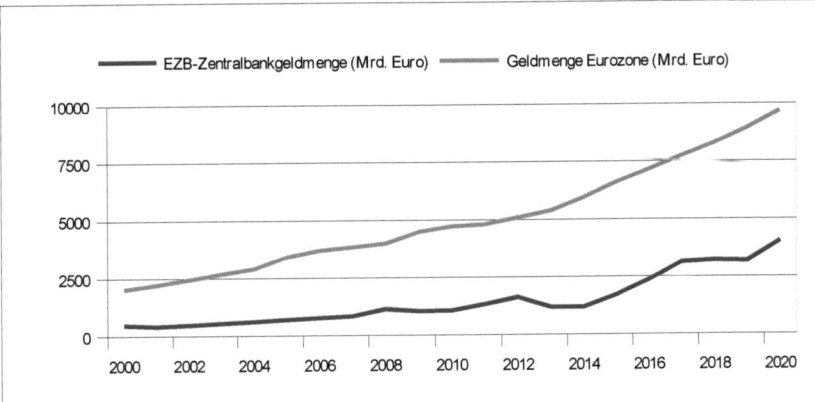

Der Anstieg der Zentralbankgeldmenge von 2014 bis 2018 beträgt ca. 2.100 Mrd. € und liegt damit in der Größenordnung des Ankaufs von Anleihen durch die EZB von ca. 2.400 Mrd. € im genannten Zeitraum. Der Bestand der EZB an Anleihen stieg ab 2014 wie folgt[42].

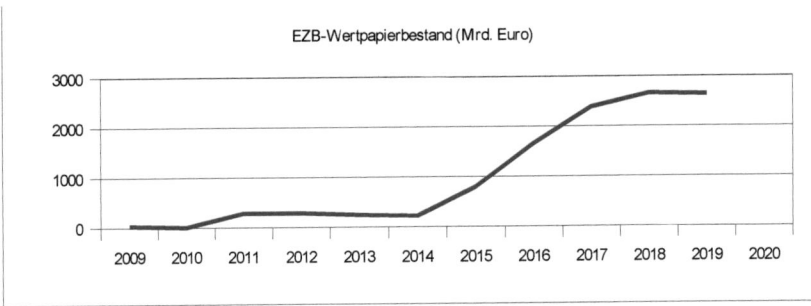

Infolge der hohen Nachfrage der EZB nach Anleihen stiegen die Kurse. Die Renditen sanken. In Deutschland wurden sie negativ, zunächst für die 2jährigen und später die 10jährigen Staatsanleihen, wie der nachstehende Chart zeigt[43].

---

42 Eigene Darstellung; Daten aus www.ecb.europa.eu - Research&Publications – Annual Report – Eurosystem balance sheet - Annual consolidated balance sheet of the Eurosystem - Annual consolidated balance sheets for previous yearts - jeweils Assets 7.1 Securities held for monetary policy purposes

43 Eigene Darstellung; Daten aus: www.investing.com Markets – Bonds – World Government Bonds – Germany – Germany 10Y bzw. 2Y

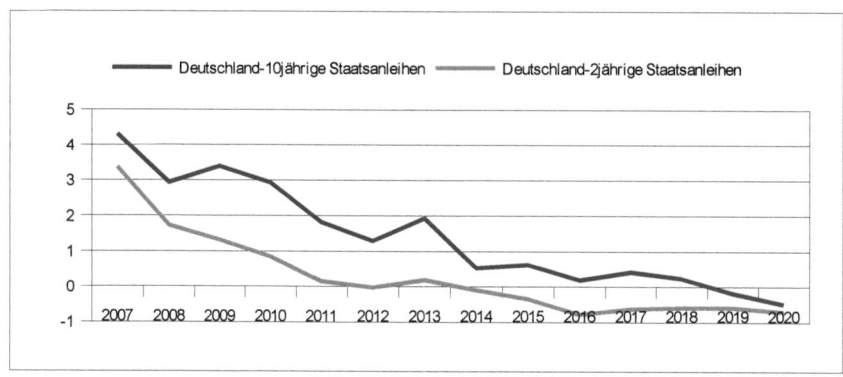

Der Anlass für die quantitative Lockerung war – wie in den USA - die befürchtete Gefahr einer Deflation. In Deutschland erreichte die Inflationsrate in 2011 und 2012 den Wert von 2%. Sie sank anschießend und fiel in 2015 auf 0,5%[44].

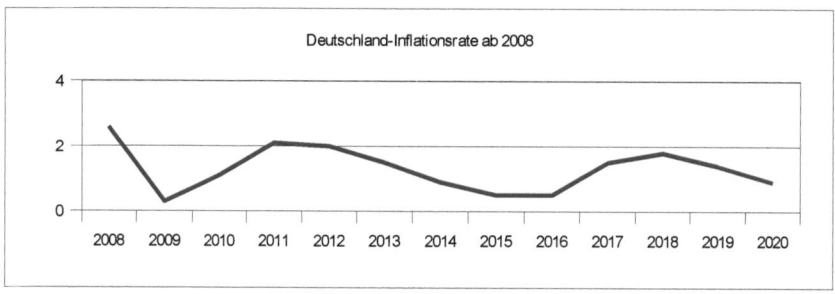

Die EZB setzte sich am 12.6.2012 ebenfalls – wie die amerikanische Zentralbank – ein Inflationsziel von 2% [45].

Die Banken sollten, so der Wunsch der EZB, das Zentralbankgeld für Kredite an die Realwirtschaft nutzen, damit durch die Erhöhung der Geldmenge die Nachfrage nach Gütern und dadurch die Preise steigen. Um diesem Wunsch Nachdruck zu verleihen, senkte die EZB 2014 den Einlagezins (Einlagefazilität) – dieser Zins gilt für das Zentralbankgeld, das die Banken auf den Zentralbank-Einlagekonten halten - auf den negativen Wert von

44   Eigene Darstellung; Daten aus www.destatis.de Wirtschaft - Preise - Verbraucherpreisindex - Publikationen –
      Verbraucherpreisindex- Verbraucherindex für Deutschland Lange Reihen ab 1948 (xlsx JD_Vae Personenhaushalte mittlere
      Einkommen, 1963-1991 Alle privaten Haushalte, ab 1992 Verbraucherpreisindex)
45   Siehe https://www.ecb.europa.eu/explainers/tell-me-more/html/why-negative-interest-rate.en.html

-0,10 und später auf -0,50% ab. Die negativen Zinsen wurden auch für das Zentralbankgeld auf den Girokonten erhoben, wobei die Mindestreserve von den negativen Zinsen ausgenommen wurde[46]. Die Banken konnten die negative Zinsen auf die hohen Mengen an Zentralbankgeld nur dadurch vermeiden, dass sie möglichst viele Kredite vergaben, durch die sich Mindestreserve erhöhte.

Der Anstieg der Bankkredite hielt sich in Deutschland in Grenzen. Sie stiegen von 2014 bis 2018 um ca. 230 Mrd. €[47].

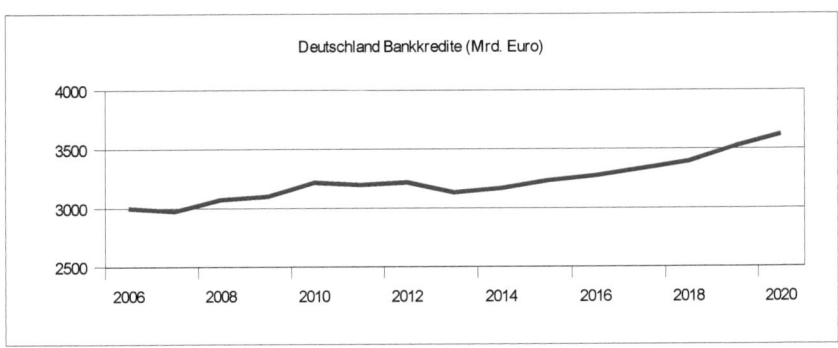

Demgegenüber stiegen in Deutschland die Zentralbankgeldmenge und die Geldmenge von 2014 bis 2018 stärker. Die Zentralbankgeldmenge stieg um 540 Mrd. € und die Geldmenge um 640 Mrd. €, wie der nachstehende Chart zeigt[48].

46 Siehe https://www.ecb.europa.eu/press/pr/date/2014/html/pr140605_3.de.html
47 Eigene Darstellung; Daten aus www.bundesbank.de Statistiken – Zeitreihen-Datenbanken – Zeitreihen-Datenbanken der Bundesbank - Banken und andere finanzielle Unternehmen – Banken – Bilanzpositionen – Aktiva und Passiva der Banken in Deutschland (ohne Deutsche Bundesbank und Geldmarktfonds) – Kredite der Banken (MFIs) in Deutschland an Nicht-Banken (Nicht-MFIs) – Kredite an inländische Nicht-Banken (Nicht-MFIs) - Kredite an nicht inländische Nicht-Banken (Nicht-MFIs insgesamt – Zeitreihe BBK01.OU0115:
48 Eigene Darstellung; Daten aus
    1) Zentralbankgeldmenge www.bundesbank.de Publikationen – Berichte und Studien – Geschäfts- und Umweltberichte – Geschäftsbericht 2019– Jahresabschluss - Bilanz – Passiva 1. Banknotenumlauf – 2.1 Einlagen auf Girokonten 2.2 Einlagefazilität 2.3 Termineinlagen
    2) Geldmenge www.bundesbank.de Statistiken – Banken und andere finanzielle Unternehmen – Banken – Geldmengenaggregate – Daten/Tabellen – Konsolidierte Bilanz der Monetären Finanzinstitute (Mfi) – Zugehörige Zeitreihen – Zeitreihe BBK01.TX301/Geldmenge M1 Deutscher Beitrag/CVS

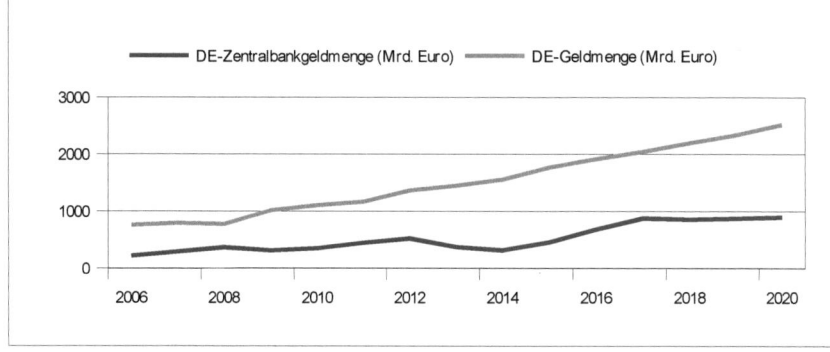

Die Unternehmen investierten das Geld, das sie aus dem Verkauf ihrer Anleihen erhielten, in Aktien und emittierten Unternehmensanleihen, sodass –
wie in den USA - die Aktienkurse stiegen. Der DAX verzeichnete eine ähn-
lich Aufwärtsentwicklung wie der Dow Jones[49].

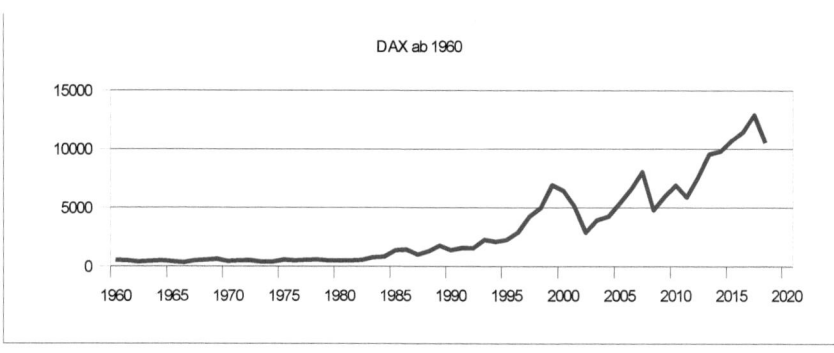

Der Anstieg des DAX seit 2003 stellt sich in den einzelnen Jahren wie folgt
dar:

Von 2003 bis 2007:
2003:   37,1%
2004:   7,3%
2005:   27,1%
2006:   22,0%
2007:   22,3%

---

49   Eigene Darstellung; Daten aus Siehe Fußnote 26

Von 2009 bis2019:
2009: 23,8%
2010: 16,1%
2011: -14,7%
2012: 29,1%
2013: 25,5%
2014:   2,6%
2015:   9,6%
2016:   6,9%
2017: 12,5%
2018: -18,3%
2019: 25,5%

Die Steigerungsraten sind zum Teil hoch, sie erreichen aber nicht die sehr hohen Werte in einer ununterbrochenen Folge von wenigen Jahren wie vor 2000. Es handelt sich daher nicht um ein Assetinflation infolge von Euphorie, sondern infolge von niedrigen Zinsen.

Auch in Deutschland wurde trotz der hohen Geldmenge das Inflationsziel von 2% nicht erreicht.

13. Die Probleme der quantitativen Lockerung

Die quantitative Lockerung wurde 2008 durch die amerikanische Zentralbank benutzt, um Zahlungsunfähigkeiten und einen Einbruch des Wirtschaftswachstums zu verhindern und später auch, um das Inflationsziel von 2% zu erreichen. Die EZB nutzte sie 2012 in der Eurokrise – hierzu später - und ab 2015 ebenfalls, um das Inflationsziel von 2% zu erreichen. Nach Ausbruch der Coronakrise 2020 wurde die quantitative Lockerung von beiden Zentralbanken wiederum massiv eingesetzt.

Die quantitative Lockerung ist ein schnell wirkendes Instrument. Sie ist aber nicht unbedenklich. Sie wirft Fragen systematischer Art auf. Die Fragen sind:

1) Das Inflationsziel von 2%
2) Die negativen Zinsen
3) Die Preissteigerung durch Erhöhung der Geldmenge
4) Die Rolle des Bargeldes
5) Der Eingriff in den Markt
6) Der Eingriff in Unternehmensstrukturen
7) Die Staatsfinanzierung
8) Die Rückkehr zur Ausgangslage
9) Soziale Auswirkungen

Zu 1) Das Inflationsziel von 2%

Der amtlichen Inflationsrate liegen bestimmte Parameter zugrunde. Würde man die Parameter ändern, ergäbe sich eine andere Inflationsrate. Es wäre zum Beispiel denkbar, die Wohnungskosten besonders hoch zu gewichten. Die Wohnung ist ein Grundbedürfnis und die Wohnungskosten, deren Anstieg nicht zuletzt durch steigende Immobilienpreise als Folge niedriger Zinsen verursacht wurde, beanspruchen einen beachtlichen Teil des Einkommens. Auch könnte von der hedonistischen Methode Abstand genommen und die betreffenden Güter könnten mit den realen Preisen angesetzt werden. Durch eine Änderung der Parameter könnte sich eine Inflationsrate von über 2% ergeben, sodass die Grundlage für die quantitative Lockerung entfallen würde. Abgesehen davon ist der Wert von 2% ein gegriffener Wert, der ohne weiteres auch niedriger angesetzt werden könnte.

zu 2) Grenze durch negative Zinsen

Führt die quantitative Lockerung zu negativen Renditen bzw. negativen Zinsen, hat sie ihre Grenze erreicht. Negative Zinsen gibt es, wie bereits früher dargelegt, nicht. Zinsen sind Kosten. Es ist logischerweise nicht möglich, durch niedrige Kosten höhere Preise zu bewirken. Die Senkung der Zinsen kann daher nicht zu höheren Preisen führen, wenn die anderen Kosten – Personal, Steuern, Öl – konstant sind.

Da niedrige bzw. negative Zinsen ein untaugliches Mittel zur Preissteigerung sind, stellt sich die Frage, ob das Inflationsziel von 2% nicht nur vorgeschoben war und es in Wirklichkeit darum ging, einen Absturz der Aktienkurse wie 2008, der letztlich durch steigende Zinsen verursacht wurde, zu vermeiden. Darauf deuten Erklärungen der EZB hin, dass ihre Möglichkeiten noch lange nicht erschöpft seien, die darin bestehen könnten, auch Aktien zu kaufen und dem Beispiel der japanischen Zentralbank zu folgen, die Aktienindexfonds erwarb.

Zu 3) Die Preissteigerung durch Erhöhung der Geldmenge

Der Preis bildet sich durch Angebot und Nachfrage. Ein Überangebot an Konsumgütern, die zu geringen Kosten produziert werden (Automatisierung, Auslagerung der Produktion in Billiglohnländer) sowie ein starker Wettbewerb verhindern einen Anstieg der Preise. Hohe Preise sind nur für neue „must have"-Produkte, etwa neue Elektronikgeräte durchsetzbar, wobei die Preise nach kurzer Zeit - es sind bereits neue Produkte in Vorbereitung – nachgeben.

Eine steigende Geldmenge bewirkt unter diesen Umständen keine steigenden Preise. Daher bringt auch die Helikoptertheorie nichts. Nach dieser Theorie soll die Zentralbank gleichsam Banknoten aus einem Helikopter auf die Menschen herabwerfen, damit die Menschen einkaufen und durch ihre Nachfrage die Preise erhöhen. Das gleiche gilt auch für die Moderne Geldtheorie, wonach der Staat, wenn er Geld ohne Zinsen erhält, Kredite aufnehmen und das Geld unter die Leute bringen soll. Die Menschen werden zwar mehr kaufen, aber sie werden auf die Preise achten.

Zu 4) Die Rolle des Bargeldes

Echte negative Zinsen betrachten einige Experten des Internationalen Währungsfonds – IWF - offensichtlich als allgemeines geldpolitisches Instrument[50]. Da die Banken beim Bargeld nicht die Möglichkeit haben, negative Zinsen zu erheben und eine allgemeine Abschaffung des Bargeldes nicht in Sicht ist, schlagen sie folgende Lösung vor: Es sollten zwei parallele Währungen eingeführt werden, eine Buchgeld-Währung und eine Bargeld-Währung. Beide Währungen werden durch einen festen Wechselkurs aneinander gekoppelt. Die Buchgeld-Währung wird durch negative Zinsen belastet. Erhält ein Verkäufer eines Gegenstandes Bargeld und zahlt er es bei der Bank ein, werden die negativen Zinsen vom eingezahlten Betrag abgezogen. Um den Verlust auszugleichen, wäre der Verkäufer gezwungen, die Belastung auf den Kaufpreis aufzuschlagen. Der Käufer zahlt den negativen Zins über den Kaufpreis.

Die negative Zinsen erinnern an die Schwundgeld-Systeme. Im Mittelalter gab es das Brakteaten-System. Die Brakteaten waren kleine Goldmünzen, die von Zeit zu Zeit ihre Gültigkeit verloren und durch neue in geringerer Zahl ersetzt wurden. In 1932 gab die österreichische Gemeinde eigene Banknoten heraus, die mit einer Wertmarke beklebt werden mussten, damit sie gültig blieben. Das Schwundgeld hatte den Zweck, den Besitzer zu veranlassen, sein Geld auszugeben bevor es wertlos wurde. Es hat in der Tat die Realwirtschaft belebt. Die Volkswirtschaften waren damals geschlossene Volkswirtschaften. Eine durch den drohenden Geldentzug steigende Nachfrage stieß auf ein begrenztes inländisches Güterangebot. Die Preise stiegen. Die steigende Nachfrage erforderte eine Steigerung der inländischen Produktion, die nur mit zusätzlichem Personal – eine Automatisierung gab es nicht – zu bewältigen war.

Der Vorschlag des IWF ist mit einer systematischen Sichtweise nicht vereinbar. Negative Zinsen bedeuten, dass die Banken, die hohe Risiken eingehen, sich in Höhe der negativen Zinsen auf einfache Weise zu einem Teil entschulden können, da sie von der Verpflichtung zur Auszahlung von Banknoten befreit werden. Es ist eine neue Art der Schuldentilgung, die normalerweise durch Eigenkapital bzw. Arbeitsleistung erfolgt. Es ist Schuldentilgung zulasten Dritter, die auf die Begründung der Schulden der Banken kei-

---

50 Siehe https://blogs.imf.org/2019/02/05/cashing-in-how-to-make-negative-interest-rates-work/

nen Einfluss haben. Es ist kein Grund ersichtlich, warum die Banken dieses Privileg der Schuldentilgung erhalten sollten und nicht auch die Unternehmen der Realwirtschaft und die Privathaushalte. Darüber hinaus geht es nicht an, dass eine private Bank die Möglichkeit erhalten soll, in das Eigentum der Geldbesitzer einzugreifen. Ein solcher Eingriff wäre eine Enteignung, die nur einem Hoheitsträger – zum Beispiel bei den Schwundgeld-Systemen - möglich ist. Sie würde im Prinzip das Eigentum und damit die Grundlage der privaten Wirtschaft zerstören. Der Vorschlag scheint wenig durchdacht.

Zu 5) Der Eingriff in den Markt

Der massive Ankauf von Anleihen durch die Zentralbank ist ein Eingriff in den Anleihemarkt. Ein derartiger Eingriff hat Grenzen. Würde eine Zentralbank 50% aller Anleihen kaufen, wäre der Anleihemarkt praktisch kein Markt mehr. Die Kurse würden nicht durch Angebot und Nachfrage privater Marktteilnehmer gebildet, sondern durch die Zentralbank, die Anleihen mit Zentralbankgeld in beliebigem Umfang kaufen kann. Damit der Markt erhalten bleibt, muss die Zentralbank die quantitative Lockerung spätestens dann einstellen, wenn sie 50% der Anleihen in ihrem Bestand hat.

Der Anteil der Staatsanleihen im Bestand der Zentralbanken – die Staatsanleihen machen den größten Teil der Anleihen aus - stellt sich für die USA und für Deutschland wie folgt dar:

USA:

Vorhandene Treasury Securities (Stand Mai 2020): 19.208 Mrd. Dollar[51].
Treasury Securities im Bestand der amerikanischen Zentralbank (Stand Mai 2020): 4.101 Mrd. $[52].

Anteil der Zentralbank: 21%.

---

51 Siehe www.treasurydirect.gov Government – Reports – Public Debt Reports – Monthly Statement of the Public Debt (MSDP) - 2020 May – Summary - SUMMARY OF TREASURY SECURITIES OUTSTANDING - Amount Outstanding –D ebt Held By the Public
52 Siehe Fußnote 32

Deutschland:

Vorhandene Bundeswertpapiere (Stand August 2020): 1.398 Mrd. €[53].
Bundeswertpapiere im Bestand der EZB (Stand Juli 2020): 546 Mrd. €[54].

Anteil Deutsche Bundesbank: 39%.

Die Grenze der quantitativen Lockerung unter dem Gesichtspunkt eines unzulässigen Eingriffs in den Anleihemark ist weder in den USA noch in Deutschland erreicht, wobei Deutschland näher an der 50%-Grenze liegt als die USA. Der niedrige Anteil der amerikanischen Staatsanleihen am Anleihebestand der amerikanischen Zentralbank dürfte damit zu erklären sein, dass amerikanische Staatsanleihen in hohem Maße von ausländischen Investoren gekauft werden. Es bleibt abzuwarten, wie sich der Anteil vor allem in Deutschland weiter entwickelt.

Zu 6) Der Eingriff in Unternehmensstrukturen

Bei einer starken quantitativen Lockerung reichen die vorhandenen Anleihen nicht aus, die Nachfrage der Zentralbank nach Anleihen zu befriedigen. Es müssen neue Anleihen emittiert werden, die an die Banken und von diesen weiter an die Zentralbank verkauft werden. Die Emittenten der Anleihen verschulden sich zusätzlich. Dabei kann es passieren, dass es sich bei den Emittenten um Unternehmen handelt, die unerkannt von der Pleite bedroht sind. Die Zentralbank muss, da es Anleihen höchster Bonität nicht mehr gibt, notgedrungen die Anforderungen an die Bonität der Emittenten senken. Das von der Pleite bedrohte Unternehmen erhält Geld und wird künstlich über Wasser gehalten (Zombie-Unternehmen). Eine Bereinigung des Marktes durch Ausscheiden von unfähigen Unternehmen findet nicht statt. Kaufen die Pleiteunternehmen mit dem Geld, das sie aus der Emission erhalten, Aktien und steigen die Aktienkurse, erhöht sich ihr Vermögen, nicht durch Gewinn und durch Arbeitsleistung, sondern durch Schulden. Dass eine solche Entwicklung problematisch ist, bedarf keiner Begründung.

---

53   Siehe https://www.deutsche-finanzagentur.de - Institutionelle Investoren - Bundeswertpapiere -Ausstehende handelbare Bundeswertpapiere per letzter Auktion
54   Siehe https://www.ecb.europa.eu2019 Monetary Policy – Instruments – Asset purchase programmes-. APP redemptions/History/History of APP redemptions - Public sector purchase programme – Breakdown of debt securities under the PSPP – GermanyCumulative net purchases as of July 2020

Zu 7) Die Staatsfinanzierung

Beim Kauf von Staatsanleihen durch die Zentralbank stellt sich das Problem der unzulässigen Staatsfinanzierung durch die Zentralbank. Ein Verstoß gegen das Verbot wird von der Rechtsprechung verneint, wenn zwischen der Emission der Staatsanleihen und dem Ankauf durch die Zentralbank ein längerer Zeitraum liegt. Dabei stellt das Bundesverfassungsgericht zutreffend die Frage, wie lang dieser Zeitraum sein sollte[55]. Es hat die Frage offengelassen.

Wenn die Zentralbank Staatsanleihen in großem Umfang kauft, ist das ein Anreiz für den Staat, neue Schulden zu machen und Staatsanleihen zu emittieren, da er weiß, dass es einen Käufer gibt, der für niedrige Zinsen sorgt.

Zu 8) Die Rückkehr zur Ausgangslage

Eine Rückkehr zur Ausgangslage ist außerordentlich schwierig. Würde die Zentralbank ihre Anleihen wieder verkaufen, würden die Zinsen steigen. Die Bereitschaft zur Kreditaufnahme würde zurückgehen und es würden weniger Aktien gekauft. Die Aktienkurse würden stagnieren und sinken. Kommt es zu einem starken Rückgang der Kurse, wären viele Kredite nicht mehr durch Vermögen gedeckt. Es bestände die Gefahr einer Kettenreaktion von Zahlungsunfähigkeiten. Diese Gefahr dürfte auch die Erklärung dafür sein, dass die amerikanische Zentralbank in 2014 die quantitative Lockerung nur beendet, aber nicht rückgängig gemacht hat. Sie hat keine Anleihen verkauft.

Es kommt ein weiteres Problem hinzu. Durch die quantitative Lockerung steigen die Kurse, bei negativen Zinsen über den Nominalbetrag. Die Besitzer von Anleihen werden rechtzeitig vor dem Ende der Laufzeit ihre Anleihen zu den dann noch hohen Kursen verkaufen, um Verluste zu vermeiden. Je näher das Ende der Laufzeit ist, desto niedriger sind die Kurse. Damit es durch die steigenden Verkaufsangebote nicht zu steigenden Zinsen kommt, muss die Zentralbank die Anleihen zu den noch hohen Kursen kaufen und sie bis zum Ende der Laufzeit halten, wobei sie sinkende Kurse und damit Verluste in Kauf nehmen muss. Hohe Verluste der Zentralbank führen zum Verlust des Ansehens der Zentralbank.

---

55   Urteil vom 5.5.2020 AZ -2 BvR 859/15 - 2 BvR 1651/15 -- 2 BvR 2006/15 -- 2 BvR 980/16; Rdn 180 ff

Dem Problem des Verlustes kann die Zentralbank vorübergehend ausweichen, indem sie Anleihen mit langer Restlaufzeit kauft. Das Ende der Laufzeit ist noch weit entfernt und die Frage des Verlustes stellt sich für lange Zeit nicht. Durch den Kauf langfristiger Anleihen steigen die Kurse dieser Anleihen und die langfristigen Zinsen sinken. Es entsteht der Eindruck, dass die Zentralbank die Zinsen wegen einer Inflation langfristig nicht anzuheben braucht. Dieser - künstlich erzeugte - Eindruck ist trügerisch. Eine Inflation kann durch eine unerwartet Kostensteigerung entstehen, zum Beispiel einen Anstieg des Ölpreises.

Zu 9) Soziale Auswirkungen

Durch die quantitative Lockerung werden die Unternehmen in die Lage versetzt, durch Schulden zu Vermögen zu kommen. Entsprechend steigt das Vermögen der Aktionäre. Es ist Vermögen ohne Arbeitsleistung. Dadurch entsteht eine Zweiklassengesellschaft: Die eine Klasse arbeitet nicht und wird dennoch vermögend, die andere Klasse, die sich den Kauf von Aktien nicht leisten kann, muss hart arbeiten und kann kein Vermögen bilden.

Solange die Menschen dies hinnehmen, da sie die Wirkung der quantitative Lockerung nicht durchschauen, mag alles gut gehen. Es könnte aber auch dazu kommen, dass sie nicht mehr einsehen, dass sie hart arbeiten müssen während andere auf leichte Weise zu immer größerem Vermögen kommen. Streiks zur Durchsetzung hoher Lohnforderungen sind dann nicht auszuschließen. Steigen die Löhne, dann steigen die Preise und die steigenden Preise führen zu höheren Löhnen. Durch eine solche Lohn-Preisspirale könnte eine Inflation in einer Höhe entstehen, die bekämpft werden müsste. Die Bekämpfung erfordert niedrigere Kosten – niedrigere Zinsen oder niedrigere Steuern als Ausgleich für die gestiegenen Lohnkosten. Da die Zinsen bereits niedrig bzw. negativ sind, ist von der Zentralbank kein Beitrag zur Bekämpfung der Inflation zu erwarten. Wenn dann auch der Staat die Steuern nicht senkt, weil er zu hoch verschuldet ist, ist die Inflation unabwendbar und man kann dann nur hoffen, dass es nicht zu einer galoppierenden Inflation kommt, die das Vertrauen in den Staat untergraben könnte.

14. Die Finanzkrise 2008

Die Zinsen stehen in engem Zusammenhang mit der Finanzkrise 2008. Die niedrigen Zinsen ab 2001 förderten die Geschäfte mit den Verbriefungen bzw. den ABS (Asset Backed Securities), die auf Krediten beruhten. Als die amerikanische Zentralbank den Leitzins ab 2004 anhob und die Zinsen stiegen, konnten viele Kreditnehmer die gestiegenen Zinsen nicht zahlen. Die Verbriefungen verloren an Wert. Da es sich um die Verbriefung von Hypothekenkreditforderungen handelt, werden sie auch als Mortgages Backed Securities – MBS - bezeichnet (Mortgage engl. Hypothek).

Die Verbriefung war im Prinzip nichts Neues. Sie war früher, als die Banken den Kredit mit Banknoten auszahlten, eine Möglichkeit, sich durch den Verkauf ihrer Kreditforderungen neue Banknoten zu beschaffen, um mit ihnen neue Kredite zu vergeben. Dies galt vor allem für Banken, die langfristige Hypothekenkredite vergaben und daher lange warten mussten, bis sie die ausgeliehenen Banknoten zurück erhielten. Heute ist der Aspekt, das ausgeliehene Geld zurückzuerhalten, nicht mehr von Bedeutung, da die Banken für die Kreditvergabe keine Banknoten benötigen, sondern den Kreditbetrag einfach auf dem Girokonto des Kreditnehmers buchen. Der Verkauf der Kreditforderungen ist heute nur noch insofern von Bedeutung, als die Banken nach den Basel-Regeln verpflichtet sind, Kreditvergaben durch Eigenkapital zu unterlegen. Diese Verpflichtung entfällt, wenn sie die Kredite verkaufen.

Verbriefungen sind eine interessante Möglichkeit der Geldanlage. Es gibt Verbriefungen mit hohen Renditen und mit dementsprechend hohen Risiken. Die Verbriefungen mit geringen Renditen und geringen Risiken sind die bereits erwähnten die ABS bzw. MBS. Die Verbriefungen werden dadurch erstellt, dass eine Bank ihre Hypothekenkreditforderungen an ein Verbriefungsunternehmen verkauft. Das Verbriefungsunternehmen fasst die gekauften Forderungen zu einem Forderungspool zusammen und emittiert auf der Grundlage des Forderungspools die Verbriefungen. Die Zahlungen der Kreditnehmer (Zinsen, Tilgungen), werden von dem Verbriefungsunternehmen an die Besitzer der Verbriefungen entsprechend ihrem Anteil am Forderungspool weitergereicht (engl. pass through).

Bei Zahlungsunfähigkeiten von Kreditnehmern werden die Zahlungsausfälle anteilmäßig auf die Besitzer der Verbriefungen verteilt. Zahlungsausfälle können dadurch entstehen, dass Kreditnehmer bei sinkenden Zinsen ihre Kredite vorzeitig tilgen. Die Käufer der Verbriefungen erhalten in diesem Fall nicht Zahlung in der Höhe, die ihnen mit dem Kauf der Verbriefung in Aussicht gestellt wurde. Der Ausfall von Zahlungen führte schon früh zu der Idee, die Verbriefungen zu strukturieren und Verbriefungen herzustellen, die wegen möglicher Zahlungsausfälle ein höheres Risiko und dafür eine höhere Rendite beinhalteten. Diese strukturierten Verbriefungen werden als Collateralized Debt Obligations – CDO - bezeichnet und, da es sich um die Verbriefung von Hypothekenkreditforderungen handelt, auch als Collaterialized Mortgages Obligations – CMO.

Zahlungsausfälle werden nach Risikoklassen auf die CMO verteilt. Die CMO der niedrigsten Risikoklasse erhalten eine geringe Rendite und eine hohe Rückzahlung des Kapitals. Bei der höchsten Risikoklasse ist es umgekehrt. Bei hohen Zahlungsausfällen kann es passieren, dass die noch erfolgenden Zahlungen nur zur Rückzahlung des Kapitals an die niedrigste und die mittleren Risikoklasse ausreichen und die höchste Risikoklasse leer ausgeht.

Die CMO waren für die Verbriefungsunternehmen wegen der Gebühreneinnahmen und für die risikofreudige Anleger wegen der hohen Renditen interessant. Die Käufer von CMO der höchsten Risikoklasse waren vor allem Hedgefonds, die – im Gegensatz zu ihrem ursprünglichen Konzept, die Risiken einzugrenzen (hedge engl. eingrenzen) – zu hohen Risiken bereit waren, um möglichst hohe Gewinne zu erzielen.

Die größten Verbriefungsunternehmen in den USA sind Fannie Mae und Freddie Mac. Sie sind Aktiengesellschaften, die vom amerikanischen Staat mit der Wohnungsbauförderung beauftragt sind. Sie kaufen Hypothekenforderungen von den Banken und verbriefen sie. Ihre Verbriefungen gelten als sicher, da sie quasi staatliche Unternehmen sind - Government Sponsored Enterprises – GSE - (von der Regierung geförderte Unternehmen). Sie garantieren die Zahlungen aus ihren Verbriefungen.

Die Zunahme an Verbriefungen – und anderen Finanzprodukten - ist auf die Deregulierung der Finanzwirtschaft seit den 1990er Jahren zurückzuführen.

Das Geschäft mit den CMO kam nach der Senkung des Leitzinses ab 2001 richtig in Gang. Die Anleger in CMO der höchsten Risikoklasse kauften, um ihre Rendite zu erhöhen, CMO der höchsten Risikoklasse mit kurzfristigen billigen Krediten. Eine Eigenkapitalrendite von 25% - die nur mit sogenannten Hebelkrediten zur Steigerung des Gewinns erreicht werden konnte -, galt als Ziel. Die Verschuldung durch die Herstellung von Verbriefungen und ihr Kauf auf Kredit erklärt die stark steigende Verschuldung der Unternehmen der Finanzwirtschaft ab 2000 (Chart Fußnote 6).

Den CMO lagen vielfach Subprime Kredite zugrunde. Subprime Kredite wurden sowohl von Fannie Mae und Freddie Mac als auch von privaten verbriefenden Unternehmen (Investmentbanken) verbrieft und auch gekauft. Bei Fannie Mae und Freddie Mac scheint die politische Vorgabe eine Rolle gespielt zu haben, einkommensschwachen Bevölkerungsschichten zu Wohnungseigentum zu verhelfen. Es wird die Überlegung eine Rolle gespielt haben, die Hypothekenkredite seien durch steigende Immobilienpreise gedeckt. Die Immobilienpreise[56] stiegen ab 2001 stark und auch noch nach 2004, als die Zentralbank mit der Anhebung des Zinseszins begonnen hatte.

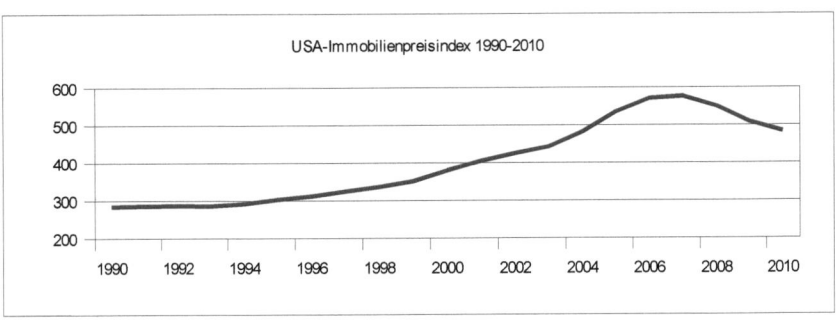

USA-Immobilienpreisindex 1990-2010

Das Geschäft mit den Verbriefungen florierte. Der Bestand der GSE-Forderungspools (Fannie Mae und Freddie Mac) stieg von 2,7 Bill. $ in 2001 auf 5,2 Bill. $ in 2009[57]. Das Volumen an Verbriefungen von Wohnkrediten

56   Eigene Darstellen; Daten aus www.fhfa.gov – Data & Tools – Data – House Price Index – Datasets – Addiaitonal Data – US (Developmental Index, Not Seasonally Adjusted – XLXS

57   www.federalreserve.gov - Data - Financial Accounts – Financial Accounts of the United States Z.1 – Current Release DDP (Data Download Program) – Build Your package – 1. Data Set: Financial Accounts of the United states Z.1 – 2. Prefix: FL Levels NSA – 3. Sector: 41 Agency- and GSE backed mortgage pools – 4. Instrument type: 30651 Home mortgages, including home equity loans and construction loans on one-to-four family homes; asset

durch andere Unternehmen war Ende 2006 auf 2,6 Bill. $ gestiegen[58]. Die Verbriefungen von Hypothekenforderungen aus Wohnbaukrediten in den Jahren um 2008 liegt somit in der Größenordnung von 8 Bill. $. Ein hoher Anteil dieser Kredite waren Subprime Kredite. In einem Bericht der Federal Housing Finance Agency vom März 2019 heißt es, bei neuen Krediten sei der Anteil an Subprime Krediten von 9% in 2001 auf 40% in 2006 gestiegen[59].

Die Anhebung des Leitzinses von Juni 2004 bis Juni 2006 von 1% auf 5,25% (Chart zu Fußnote 5) führte dazu, dass viele Hypothekenkreditnehmer, vor allem von Subprime Krediten, die stark gestiegenen Zinsen nicht zahlen konnten. Bei vielen Hypothekenkrediten waren die Zinszahlungen in den ersten Jahren gering. Die Zinsbindungsfrist betrug vielfach nur 2 Jahre[60]. Es kam zu Zwangsversteigerungen (Foreclosure), in dessen Verlauf die Hypothekenkreditnehmer ihre Grundstücke an die Kreditgläubiger zurückgaben und dadurch - eine Besonderheit im amerikanischen Zwangsvollstreckungsrecht – von ihren Kreditverpflichtungen befreit wurden, sodass die Kreditgläubiger ihre Forderungen verloren und insofern Verluste hatten. Die Kreditgläubiger konnten nun die Grundstücke verkaufen, um ihre Kreditforderungen zu befriedigen. Infolge des hohen Angebots an Immobilien sanken die Immobilienpreise. Die Immobilienwerte deckten die Kredite nicht.

Die ausbleibenden Zahlungen der Kreditnehmer und die unzureichenden Einnahmen aus dem Verkauf der Grundstücke hatten Auswirkungen auf die CMO. Die Ausfälle waren so hoch, dass die CMO der höchsten Risikoklasse praktisch wertlos wurden. Die Forderungspools von Fannie Mae und Freddie Mac gingen drastisch zurück, wie der nachstehende Chart zeigt[61].

---

58 Thomas//Van Order https://files.stlouisfed.org/files/htdocs/conferences/gse/Van_Order.pdf
59 White Paper, Subprime Mortgages: Enterprise and and FHFA Reproting https://www.fhfaoig.gov/Content/Files/WPR-2019-001.pdf
60 Paul, Asset Backed Securities; https://www.dvfa.de/fileadmin/downloads/Publikationen/DVFA Kompendium/DVFA_Kompendium_ABS.pd
61 Eigene Darstellung; Daten aus Siehe Fußnote 67

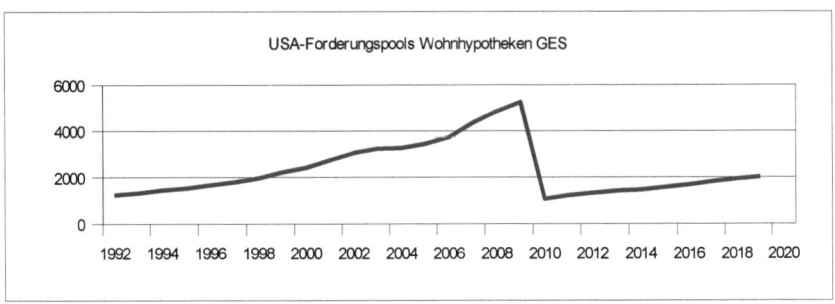

USA-Forderungspools Wohnhypotheken GES

In 2007 zeigten sich die Auswirkungen auf die Besitzer der CMO. Die Hedgefonds der Investmentbank Bear Stearns waren als erste betroffen. Die Hedgefonds waren eigens wegen der CMO gegründet worden und hatten in großem Umfang in CMO der höchsten Risikoklasse investiert und die Investition mit kurzfristigen Krediten finanziert. Sie machten hohe Gewinne. Als sich Probleme hinsichtlich der CMO abzeichneten, forderten die kreditgebenden Banken ihre Kredite zurück und begannen, die als Sicherheit erhaltenen CMO zu verkaufen[62]. Die im Wert gesunkenen CMO deckten die Kredite nicht. Die Hedgefonds waren am 17.7.2007 pleite, was sich beim Eigentümer Bear Stearns als Verlust niederschlug. Bear Stearns stand einige Zeit später ebenfalls vor der Pleite und wurde unter Mithilfe der amerikanischen Zentralbank am 16.3.2008 von JP Morgan Chase übernommen.

Das Jahr 2008 war ein Jahr der Pleiten. Fannie Mae und Freddie Mac mussten auf die von ihnen emittierten CMO Zahlungen leisten, weil sie die Zahlungen garantiert hatten. Da sie nicht zahlen konnten, drohte ihnen die Zahlungsunfähigkeit. Die amerikanische Regierung stellte sie am 7.9.2008 unter staatliche Verwaltung und rettete sie.

Auch andere große Unternehmen der Finanzwirtschaft waren an den Rand der Pleite geraten. Am 17.9.2008 mussten das Versicherungsunternehmen AIG und am 25.9.2008 die größte amerikanische Sparkasse Washington Mutual gerettet werden. Es hatte eine Kettenreaktion von Zahlungsunfähigkeiten eingesetzt, die nur durch Rettungsmaßnahmen unterbrochen werden konnte. Dass sich die Probleme auf die Aktienkurse der Unternehmen der Finanzwirtschaft und damit auf den gesamten Aktienmarkt auswirkten, versteht sich von selbst.

---

62   Semmler, Wie die Hedgefonds-Blase entstand und platzte https://www.spiegel.de/wirtschaft/spekulation-wie-die-hedgefonds-blase-entstand-und-platzte-a-495508.html

Alle großen für das Geldsystem relevanten Unternehmen der Finanzwirtschaft wurden gerettet mit Ausnahme der großen Investmentbank Lehman Brothers. Es stellt sich die Frage, warum ausgerechnet Lehman Brothers nicht gerettet wurde. Anhaltspunkte ergeben sich aus einem späteren Bericht des Insolvenzverwalters, über den in der Presse berichtet wurde[63]. Lehman Brothers war ebenfalls im Verbriefungsgeschäft aktiv gewesen und verschuldet. Um die hohe Verschuldung zu verschleiern, griff Lehman Brother zu einem – übrigens legalen - Bilanztrick, durch den es gelang, die Schulden an drei Quartalsenden, in denen Berichte fällig waren, um 40 bis 50 Mrd. $ geringer darzustellen als sie in Wirklichkeit waren. Der Bilanztrick bestand in sogenannten Repro 105 Geschäften.

Das normale Repro Geschäft besteht darin, dass ein Finanzunternehmen bei einem anderen Finanzunternehmen einen kurzfristigen Kredit aufnimmt und Wertpapiere zur Sicherheit übereignet. Die Verpflichtung zur Rückzahlung des Kredits ist eine Verpflichtung, die bilanzmäßig auszuweisen ist. Lehman Brothers wandelte das Repro Geschäft in der Weise ab, dass es kurz vor den Bilanzstichtagen Wertpapiere an eine andere Bank verkaufte bei gleichzeitiger Vereinbarung einer kurzfristigen Rückkaufverpflichtung, die bilanzmäßig nicht ausgewiesen werden musste. Damit das Repro Geschäft als normaler Verkauf und nicht als Umgehung eines bilanzmäßig auszuweisenden Kredits erschien, wurde der Kaufpreis mit 105% des Wertes der Wertpapiere vereinbart. Mit dem Verkaufserlös wurden die Schulden vorübergehend getilgt.

Es ist davon auszugehen, dass der Bilanztrick in den entscheidenden Kreisen bekannt war. Andere Banken waren in den Repro Geschäften involviert. Es war daher Skepsis bei denjenigen Banken entstanden, die mit Lehman Brothers kooperierten, so beim Clearing. Die am Clearing beteiligten Banken lehnten es schließlich ab, Lehman Brothers negative Salden zu kreditieren. Sie verlangten Sicherheit in Form von Geld. Lehman Brothers konnte die Sicherheit nicht stellen und die negative Salden nicht ausgleichen. Lehman Brohters wurde zahlungsunfähig. Auch der amerikanische Staat, der von den Bilanztricks ebenfalls Kenntnis erhalten haben dürfte, lehnte eine Rettung ab.

---

63   Henkel, Hinter den Kulissen von Lehman https://www.nzz.ch/hinter_den_kulissen_von_lehman-1.5356183

Die drohenden Pleiten der großen systemrelevanten Unternehmen der Finanzwirtschaft sowie die Pleite von Lehman Brothers erschütterte die globale Finanzwelt. Der Dow Jones fiel von Ende 2007 zu Ende 2008 um 34% und der DAX um 40%. Die amerikanische Zentralbank erhöhte die Zentralbankenge (Chart zu Fußnote 31), sodass die Zahlungsfähigkeit der Banken sichergestellt war. Die Investmentbanken hatten ihren Status als reine Investmentbanken aufgegeben und waren zu normalen Banken geworden, sodass sie Zugang zur Zentralbank hatten. Die Änderung des Status war nach Aufhebung des Trennbankensystems 1999 möglich geworden.

Deutschland war von der Finanzkrise 2008 betroffen, da mehrere deutsche Banken in erheblichem Umfang das Verbriefungsgeschäft eingestiegen waren und gerettet werden mussten. Deutschland errichtete den Sonderfonds Finanzstabilisierung - SoFFin. Dieser rettete die Banken, indem er zum Beispiel neu emittierte Bankaktien - nach einer Kapitalerhöhung – kaufte und Aktionär wurde. Deutschland schuf ferner das Institut der Bad Bank. Die Bad Bank hat die Aufgabe, eine Bank zu rekapitalisieren, indem sie die Verbriefungen der Bank kauft, sodass die Bank frisches Geld erhält. Die Bad Bank bezahlt den Kauf mit Einnahmen aus der Emission von Anleihen, die vom staatlichen SoFFin garantiert werden. Die Bad Bank versucht, die von der Bank gekauften Verbriefungen zu einem möglichst guten Preis an Investoren zu verkaufen, um mit den Einnahmen aus dem Verkauf die emittierten Anleihen auszahlen zu können. Kann sie nicht alle Anleihen auszahlen, weil ihre Einnahmen aus dem Verkauf der Verbriefungen zu gering sind, haftet am Ende der SoFFin und am Ende der Staat.

Für die Bank Hypo Real Estate hat der Staat die Bad Bank FMS Wertmanagement als öffentliche Anstalt gegründet. Per Ende 2019 hatte die FMS Wertmanagement noch 69,3 Mrd. € an Wertpapieren im Bestand, davon 24 Mrd. € an strukturierten Produkten, wovon 16,8 Mrd. € erst nach 2030 fällig werden[64].

---

64   Siehe https://www.fms-wm.de/de/portfolio

15. Die Eurokrise 2010

Die Eurokrise 2010 war eine Staatsschuldenkrise. Mehrere Eurostaaten waren an die Grenze der Verschuldung geraten. In Spanien und Irland war dies dadurch geschehen, dass diese Staaten ihre Banken retten mussten. Beide Staaten erlebten nach Einführung des Euro 1999 einen wirtschaftlichen Boom. Spanien war erst 1986 zur EU gekommen und hatte hohe Mittel aus den EU-Strukturfonds (Kohäsionsfonds) erhalten. Das kleine Irland hatte infolge niedriger Unternehmenssteuern und dadurch erfolgreicher Ansiedlungspolitik hohe Steuereinnahmen und galt als „keltischer Tiger". Vor allem die Bauwirtschaft boomte. Die Zinsen für den Kauf von Immobilien waren nach Einführung des Euro niedrig. Der Boom endete in 2008. Die Immobilienkredite der Banken wurden notleidend, die Immobilienpreise sanken. Die Banken standen vor der Pleite und mussten vom Staat gerettet werden. Dadurch stiegen die spanische und die irische Staatsverschuldung, die vorher stark gesunken war, enorm. Als dann auch noch Griechenland, das über seine Verhältnisse gelebt und hohe Schulden gemacht hatte, Ende 2009 erklärte, die staatliche Neuverschuldung werde sehr hoch ausfallen, war die Eurokrise da.

Die hohe Verschuldung der Krisenstaaten ließ Zweifel an ihrer Zahlungsfähigkeit aufkommen. Die Kurse ihrer Staatsanleihen sanken und die Zinsen stiegen so sehr, dass die Krisenstaaten keine Kredite zu tragbaren Zinsen erhielten. Sie waren nicht mehr in der Lage, die fälligen Staatsanleihen, für die sie Geld durch Emission neuer Anleihen benötigten, auszuzahlen. Ihnen drohte die Zahlungsunfähigkeit und damit der Staatsbankrott. Der Staatsbankrott hätte zu einer Währungsreform geführt mit der Folge, dass sie eine neue Währung hätten einführen und dabei den Euro hätten aufgeben müssen. Es wäre das Ende des Euro gewesen.

Die EZB reagierte auf die Eurokrise nicht so abrupt wie die amerikanische Zentralbank 2008. Sie senkte den Leitzins erst ab Dezember 2011, zunächst auf 1% und danach in mehreren Schritten bis auf 0% im März 2016 (Chart zu Fußnote 39). Von entscheidender Bedeutung war die Ankündigung eines Programms mit der Bezeichnung Outright Monetary Transaction OMT durch den damaligen Präsidenten Draghi, das den Ankauf von Staatsanleihen der Krisenstaaten in großem Umfang vorsah. In einer vielbeachteten Rede vom 26.7.2012 kündigte er das Programm an und erklärte, die EZB werde alles tun, was notwendig ist - "whatever it takes" -, um den Euro zu erhalten. Die Ankündigung zeigte Wirkung. Die Anleger gingen davon aus, die EZB werde wie angekündigt Anleihen der Krisenstaaten kaufen. Sie investierten in die Anleihen der Krisenstaaten – zu den noch niedrigen Kursen. Die Kurse stiegen und die Zinsen sanken. Der Umsetzung des OMT-Programms bedurfte es nicht.

Das OMT-Programm unterscheidet sich von dem späteren Programmen der quantitativen Lockerung in einem wesentlichen Punkt. Es sah den Ankauf der Staatsanleihen nur der Krisenstaaten vor, während das APP (Erreichung des Inflationsziels) und das PEPP (Bekämpfung der Coronakrise) einen Ankauf von Staatsanleihen aller Eurostaaten entsprechend ihrem Anteil an der EZB vorsieht.

Auch die Eurostaaten wurden aktiv und stellten Hilfen zur Verfügung. Sie gründeten neue Institutionen, die Anleihen emittieren und das Geld aus dem Verkauf der Anleihen den Krisenstaaten als Kredit zur Verfügung stellten. Die Rückzahlung der Anleihen wurden von den Eurostaaten garantiert. Die Hilfen waren an Bedingungen geknüpft. Von den Krisenstaaten wurden Reformen und die Senkung der Ausgaben gefordert. Die neuen Institutionen sind die European Financial Stability Facility – ESFS - und der European Stability Mechanism - ESM.

Die auf Deutschland entfallenden Garantien aus EFSF und ESM:

ESFS:
Das Programm ist beendet. Die von der EFSF ausgegebenen Kredite betragen 160 Mrd.€ (stand Ende 2019). Auf Deutschland entfällt ein Anteil von 27% - der Anteil entspricht dem Anteil Deutschlands an der EZB – sodass der Anteil 36 Mrd. € ausmacht. Der Anteil kann sich erhöhen, wenn andere Staaten ausfallen sollten.

ESM:
Der ESM ist als Kapitalgesellschaft konstruiert. Das Stammkapital beträgt ca. 700 Mrd. €, davon waren ca. 80 Mrd. € bar einzuzahlen, der Rest von ca. 620 Mr.d € ist sogenanntes abrufbares Kapital und bei Bedarf nachzuschießen. Der ESM kann bis zu 500 Mrd. € als Kredite an Krisenstaaten vergeben. Auf Deutschland entfällt ebenfalls ein Anteil von 27% und be-

trägt 190 Mrd. €. Die ausgegebenen Kredite belaufen sich auf ca. 90 Mrd. € (Stand Ende 2019). Der auf Deutschland entfallende Anteil beträgt bisher somit ca. 25 Mrd. €.

Die Käufer der Anleihen erhalten von ESFS und ESM ihr Geld am Ende der Laufzeit zurück, da die Anleihen von den Eurostaaten garantiert sind. Ob allerdings alle Krisenstaaten die Kredite an ESFS und ESM zurückzahlen werden, stellt sich erst nach vielen Jahren heraus. Die Kredite von ESFS und ESM an die Krisenstaaten haben zum Teil sehr lange Laufzeiten, im Fall Griechenland bis 2070[65].

Außer den genannten Hilfen der Eurostaaten und der EZB gab es auch Hilfen der EU und des Internationalen Währungsfonds, für die die Eurostaaten nicht haften. Eine bilaterale Hilfe Deutschlands an Griechenland – ein staatlich garantierter Kredit der KFW - beträgt 22,4 Mrd. € (Vermögensrechnung des Bundes 2019 S. 67 und 71).

---

65   Zu ESFS und ESM https://www.bundesfinanzministerium.de/Web/DE/Themen/Europa/europa.html

16. Die Coronakrise 2020

Die Coronakrise ist – anders als die Finanzkrise 2008 – eine Krise der Realwirtschaft. Viele Unternehmen der Realwirtschaft mussten ihre Produktion einstellen. Die Grenzen wurden geschlossen. Der Import wichtiger Güter war erheblich gestört.

Die Realwirtschaft stand für einige Monate praktisch still. Während eine Finanzkrise durch Geldherstellung per Knopfdruck bekämpft werden kann, ist dies bei einer schweren Krise der Realwirtschaft nicht so einfach. Stillgelegte Betriebe sind nicht so schnell wieder hochzufahren. Die Überwindung einer Krise in der Realwirtschaft ist vor allem abhängig von dem Verhalten der Menschen. Viele werden aus Angst um ihren Arbeitsplatz ihre Ausgaben einschränken, was negative Auswirkungen auf die Unternehmen und das Wirtschaftswachstum hat.

Das Wirtschaftswachstum entsteht überwiegend in der Realwirtschaft. In den USA betrug in 2019 die Güterproduktion der Unternehmen der Realwirtschaft 18,2 Bill. $ und die Güterproduktion der Unternehmen der Finanzwirtschaft 3,1 Bill. $[66]. Eine schwere Krise in der Realwirtschaft hat daher andere Folgen als eine Krise in der Finanzwirtschaft. Die Zentralbanken und die Regierungen versuchten, die Coronakrise mit Hilfen in bisher nicht gekanntem Umfang zu bewältigen. Die Hilfen stellen sich wie folgt dar (Stand August 2020):

USA:
Quantitative Lockerung 2,3 Bill. $
Staat 2, 2Bill. $; weitere Hilfen über 3 Bill. $ in der Diskussion
Eurozone:
EZB : Quantitative Lockerung (PEPP) 1,35 Bill. €
EU-Haushalt: 750 Mrd. € (davon 390 Zuschüsse)
Deutschland: 1.173 Mrd. €, davon 353 Mrd. € haushaltswirksam und 819,7 Mrd. € Garantien.

Deutschland zahlte verlorene Zuschüsse und über die KfW Kredite an die Unternehmen. Darüber hinaus hat es – wie 2008 – Anteile an Unternehmen erworben. Ferner hat es das Recht, Mietraumverträge zu kündigen und die

---

66   Daten siehe Fußnoten 4 und 6

Pflicht, einen Insolvenzantrag zu stellen, vorübergehend ausgesetzt. Es handelt sich um unübliche Maßnahmen, die die Schwere der Krise erkennen lassen.

Die Coronakrise sollte zum Nachdenken Anlass geben. Sie hat folgendes gezeigt:

Erstens: Die Globalisierung kann ihre Tücken haben. Bei wichtigen Produkten, zum Beispiel im medizinischen Bereich, ist die Produktion im eigenen Land wichtig. Die Abhängigkeit vom Ausland kann im Krisenfall fatale Folgen haben.

Zweitens: Viele Unternehmen konnten nicht mehr zahlen. Sie hatten zu wenig Geld, um einige Monate zahlungsfähig zu sein. Es galt die Devise, alles Geld gewinnbringend anzulegen. Im Krisenfall kann dies leicht zur Zahlungsunfähigkeit führen. Es können Notverkäufe mit Verlusten erforderlich werden. Im Notfall zeigt sich der Wert der Zahlungsfähigkeit und damit der Wert des Geldes.

Drittens: Die Realwirtschaft, die Produkte herstellt, die für das Leben der Menschen notwendig sind, ist im Zweifelsfall wichtiger als die Finanzwirtschaft und ihre Finanzprodukte, für die man sich, wenn die Realwirtschaft ausfällt, nichts kaufen kann.

Wir wollen noch einen Blick auf die Entwicklung der Aktienkurse werfen. Der DAX hatte am 19.2.2020 sein Allzeithoch. Das ist insofern bemerkenswert, als zu diesem Zeitpunkt der Ausbruch der Coronakrise in China bereits bekannt war und anzunehmen war, dass die realwirtschaftliche Situation in China Auswirkungen auf die Realwirtschaft in Deutschland haben werde. Erst anschließend setzte ein Rückgang ein, zunächst schwach, später - die USA erließen am 12.3.202 ein Einreiseverbot für Europäer – stürzte er förmlich ab.

Die Hilfsmaßnahmen der Regierungen und der Zentralbanken zeigten schnelle Wirkung. Der DAX stieg sofort wieder. Die Ankündigung der enormen quantitative Lockerung war offensichtlich für den Anstieg ausschlaggebend. Im Zeitpunkt des Wiederanstiegs des DAX war nicht zu erkennen, wie die Entwicklung der Realwirtschaft verlaufen werde und ob die Unternehmen schnell wieder das Vorkrisenniveau erreichen und Gewinne machen würden. Es gab zwar wiederholt Rückschläge als Folge bestimmter Tagesereignisse, so zum Beispiel am 21.9.2020, als der Skandal der weltweiten Geldwäsche bekannt wurde. Diese Rückschläge sind nichts Besonderes und werden von den Spekulanten zum günstigen Kauf genutzt. Dass der DAX bereits nach einem halben Jahr wieder fast sein Allzeithochs erreichte, ist der quantitativen Lockerung zu verdanken.

Der DAX vor und nach der Coronakrise ist im nachstehenden Chart dargestellt[67]

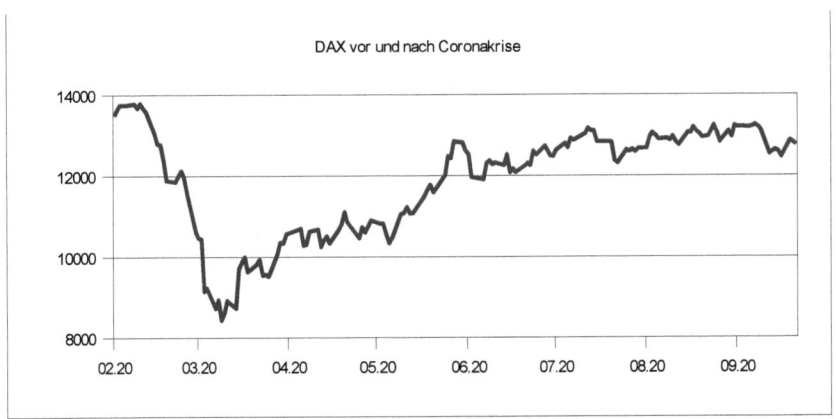

67   Eigene Darstellung; Daten aus eigenen Aufzeichnungen

17. Die Instabilität des Geldsystems

Die seit den 1990er Jahren geschaffenen Finanzprodukte – unter anderem die CMO-Verbriefung – haben zu einer zunehmenden Instabilität des Geldsystems beigetragen. Die Finanzprodukte sind komplizierte Wetten. Können hohe Wettverluste systemrelevanter Unternehmen nicht bezahlt werden, kann dies das Geldsystem gefährden.

Die meisten Finanzprodukte sind Derivate. Der Wert Derivats ist abgeleitet von einem anderen Wert, dem Basiswert (derivare lateinisch ableiten). Der Basiswert kann der Kurs einer Aktie sein, ein Aktienindex, der Preis einer Ware, ein bestimmter Zins und sogar das Wetter.

Das Derivat kann zur Absicherung realwirtschaftlicher Geschäfte genutzt werden. Der Bauer will sich gegen einen Ernteausfall absichern und kauft ein Wetterderivat, mit dem er auf schlechtes Wetter wettet. Wird das Wetter schlecht, gewinnt er die Wette und kann mit der Wetteinnahme den Schaden durch den Ernteausfall ausgleichen.

Es gibt Derivate, die standardisiert sind und an den Börsen gehandelt werden und es gibt Derivate, die von Vertragspartnern individuell vereinbart werden. Letztere werden als OTC-Derivate bezeichnet (OTC; d.h. Over The Counter, engl. über den Ladentisch).

Die wichtigsten Arten von Derivaten sind: Optionen und Futures, Zertifikate und Credit Default Swaps (engl. Kreditausfall-Tausch).

Optionen und Futures:
Es handelt sich um Termingeschäfte. Diese sind an sich nichts Neues und dienten schon früher der Absicherung realwirtschaftlicher Geschäfte. Der Bauer verkaufte bereits im Winter seine Weizenernte an die Mühle. Der Preis wurde bereits bei Abschluss des Kaufvertrages vereinbart. Der Bauer hatte eine feste Einnahme und die Mühle war vor einer Preissteigerung geschützt. Nun werden Termingeschäfte in der Form von Optionen und Futures zu reinen Wetten genutzt. Der Weizenpreis ist dabei nur das Mittel für die Wette.

Exkurs: Option und Future
Eine Option ist ein Vertrag, zum Beispiel über den Kauf von Weizen, bei dem
der Käufer die Wahl hat, ob er die Lieferung des Weizens verlangt oder nicht.
Der Kaufpreis wird bei Vertragsschluss vereinbart. Ist der Weizenpreis nach
Vertragsschluss gestiegen, wird der Käufer die Lieferung verlangen, da er für
den Weizen einen Betrag zahlt, der unter dem aktuellen Preis liegt. Außer
dieser Kaufoption gibt es auch die Verkaufsoption. Bei der
Verkaufsoption kann der Verkäufer die Abnahme des Weizens
verlangen oder nicht. Der Verkäufer wird die Option ausüben, wenn der
Weizenpreis nach Vertragsschluss gesunken ist und er eine Zahlung erhält, die
über dem aktuellen Preis liegt.
Bei einer börsengehandelten Option erfolgt keine Lieferung eines
Gegenstandes. Die unterschiedlichen Preise werden durch Zahlung
ausgeglichen.
Der Future ist wie die Option ein Termingeschäft. Der Unterschied zur Option
besteht darin, dass beim Future keine Wahlmöglichkeit besteht.

Börsengehandelte Optionen und Futures auf Aktienindizes haben einen bestimmten Verfalltag, an dem ihre Laufzeit endet. Dieser Verfalltag ist jeweils der dritte Freitag der Monate März, Juni, September und Dezember. An diesen Tagen – sie werden als Hexensabbat bezeichnet – spielen die Aktienkurse verrückt. Die Besitzer der Optionen und Futures versuchen, durch Aktienkäufe bzw. -verkäufe den Aktienindex in die von ihnen gewünschte Richtung zu bewegen, um Gewinn zu machen oder Verluste zu vermeiden.

Der Hexensabbat ist ein Beweis dafür, dass Derivate Einfluss auf den Basiswert haben können. Werden zum Beispiel Optionen auf Weizen in großem Umfang gekauft (Kaufoption), so gehen die Käufer der Optionen von steigenden Weizenpreisen aus. Dies hat Signalwirkung auf den Weizenmarkt, auf dem nun steigende Weizenpreise vereinbart werden, was sich auf den Brotpreis und daher für viele Menschen fatal auswirkt.

Das Zertifikat:
Das Zertifikat ist ein Finanzprodukt, das auch von Kleinanlegern gekauft wird. Der Käufer des Zertifikats mit dem Basiswert einer Aktie kann von dem Anstieg des Aktienkurses profitieren ohne dass er die teure Aktie kauft. Der Kaufpreis bzw. Anlagebetrag, der am Ende der Laufzeit zurückgezahlt wird, ist sozusagen ein Kredit an den Emittenten des Zertifikats. Steigt der Wert der Aktie, so hat der Käufer einen Gewinn entsprechend dem gestiegenen Aktienkurs. Dieser Gewinn ist die Verzinsung des Kredits bzw. des angelegten Betrages. Der Emittent wird für den Fall, dass er die Wette verliert,

den Verlust absichern, etwa durch ein anderes Derivat. Hat er dies unterlassen und geht er pleite, erhält der Käufer des Zertifikats den angelegten Betrag nicht zurück. Hätte der Käufer des Zertifikats Aktien gekauft, wäre er von der Pleite nicht betroffen. Ein Zertifikat kann so gestaltet sein, dass der Anleger das angelegte Geld total verliert (Knock-out Zertifikat).

Der Credit Default Swap - CDS:
Der CDS war ursprünglich eine Versicherung gegen die Zahlungsunfähigkeit des Schuldners. Der Emittent des CDS verpflichtet sich, anstelle des zahlungsunfähigen Schuldners zu zahlen, wobei er im Gegenzug die uneinbringliche Forderung erhält. Der Emittent und der Käufer des CDS tauschen (engl. swap) gleichsam ihre Position gegenüber dem Schuldner. Der CDS wurde später zur reinen Wette. Der Käufer des CDS wettet auf die Zahlungsunfähigkeit eines Unternehmens, zu dem er keine Beziehung hat. Er kauft ein CDS auf ein bestimmtes Unternehmen, von dem er annimmt, dass es in Zahlungsschwierigkeiten kommen könnte. Bei steigender Wahrscheinlichkeit der Zahlungsunfähigkeit steigt die Wahrscheinlichkeit, dass Zahlungen aus dem CDS fällig werden und der Kurs des CDS steigt.

Die meisten Derivate sind OTC-Derivate. Das Wett-Volumen stieg seit den 1990er Jahren erheblich und erreichte zeitweise über 700 Bill. $[68].

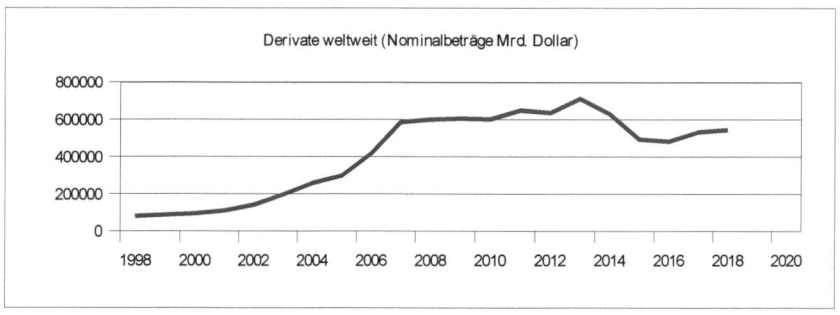

Derivate weltweit (Nominalbeträge Mrd. Dollar)

Die außerordentliche Entwicklung der OTC-Derivate ist an der Entwicklung der Tagesumsätze erkennbar. Diese stiegen von 1,5 Bill. $ in 1998 auf 6,5 Bill. Mrd. $ in 2019[69]. Zum Vergleich: Weltweit beträgt das weltweite Bruttosozialprodukt ca. 80 Bill. $ und das Handelsvolumen ca. 20 Bill. $

68   Eigene Darstellung; Daten aus www.bis.org Statistics – Derivatives – OTC derivatives statistics – Global Tables – D5 Global OTC derivatives market – D 5.1 Foreign excange, interest rate, equity linked contracts - BIS Statistics Explorer
69   www.bis.org Statistics – Derivatives – OTC derivatives statistics –Triennal Survey

pro Jahr. Die Derivate dienen daher nur zu einem geringen Teil der Absicherung realwirtschaftlicher Geschäfte. Sie sind überwiegend Finanzwetten, wobei viele Wetten durch Gegenwetten abgesichert werden. Auch soweit es sich um Wetten und Gegenwetten handelt, sind die Derivate ein Element der Instabilität, da es wegen unterschiedlicher Laufzeiten zu Zahlungsunfähigkeiten kommen kann, da der aus einer Wette Verpflichtete erst später aus der Gegenwette Geld erhält.

Als Folge der Deregulierung ist in der Finanzwirtschaft eine riesige Wett-Industrie mit vielen Arbeitsplätzen entstanden. Die in den Finanzprodukten enthaltenen Risiken sind häufig nicht erkennbar, was zur Instabilität des Geldsystems beiträgt.

Ein Beispiel für die Intransparenz von Risiken ist ein vom Bundesgerichtshof entschiedener Fall[70]. Bei dem OTC-Derivat handelte es sich um einen Spread Ladder Swap-Vertrag. Inhalt des Vertrages war eine Wette auf die Entwicklung bestimmter Zinsen. Das Risiko der Bank war im Gegensatz zum Risiko des Käufers des Finanzprodukts begrenzt, was der Käufer nicht erkannt hatte und worüber die Bank ihn auch nicht aufgeklärt hatte, was vom Bundesgerichtshof kritisiert wurde. Der Umstand, dass an den Vertragsverhandlungen auf Seiten des Käufers ein Diplomvolkswirt teilgenommen hatte, ändere daran nichts, so das Gericht. Von einem Volkswirt könne nicht erwartet werden, dass er die komplizierte Konstruktion des Vertrags habe erkennen können.

Ein weiteres Beispiel ist die Konstruktion bestimmter CDO. Ein CDO kann unter anderem aus anderen CDO's bestehen, wobei diese anderen CDO's wiederum CDO's enthalten können. Bei diesen Schachtelverbriefungen ist das Risiko nicht einzuschätzen. So kann ein CDO, das als risikoarm ausgewiesen ist, einzelne Bestandteile mit hohen Risiken enthalten. Eine Bank, die ihre problematischen CDO's loswerden will, kann dieses in einem neu herzustellenden CDO unterbringen und das neue CDO mit einem wohlklingenden Namen wie Gemstone (Edelstein) versehen[71].

---

70 Urteil vom 22.3. 2011 - Aktenzeichen XI ZR 33/10
71 Schumann https://www.tagesspiegel.de/politik/deutsche-bank-dumme-deutsche-die-glauben-noch-an-die-regeln/6648514-4.html

18. Die Spekulation

Die Wette und die Spekulation haben gemeinsam, dass auf eine zukünftige unvorhersehbare Entwicklung gesetzt wird. Während die Wette mit einem Partner abgeschlossen wird – in einer individuellen Vereinbarung oder durch Kauf eines vom Wettpartner emittierten standardisierten Finanzprodukts – handelt der Spekulant eigenständig.

Die Spekulation ist etwas Normales. Jeder spekuliert auf irgendeine Weise. Der Student spekuliert auf einen später gutbezahlten Job. Wer Aktien kauft, spekuliert auf steigende Aktienkurse. Aktien werden, vor allem wenn das Geld billig ist, auch auf Kredit gekauft und infolge steigender Nachfrage steigen die Kurse.

Eine Spekulation auf Kredit war die berühmte Spekulation gegen das englische Pfund im Jahr 1992. Das englische Pfund gehörte damals zum Europäschen Wechselkursmechanismus. Die Währungen durften nur innerhalb bestimmter Grenzen schwanken. Wenn die Grenzen überschritten wurden, musste die Zentralbank intervenieren. Stieg der Kurs der eigenen Währung gegenüber einer anderen Währung, musste die Zentralbank Devisen in der betreffenden Währung – Devisen sind auch Wertpapiere in anderer Währung - kaufen, damit der Kurs der anderen Währung infolge steigender Nachfrage stieg und der Kurs der eigenen Währung sank. Wenn umgekehrt der Kurs der eigenen Währung gegenüber einer andern Währung unter den Grenzwert fiel, musste die Zentralbank Devisen der anderen Währung verkaufen, damit deren Kurs fiel und der Kurs der eigenen Währung stieg.

Der Spekulant Soros war zu der Auffassung gelangt, dass der Kurs des englischen Pfundes gegenüber der Deutschen Mark überbewertet sei. Er spekulierte auf einen fallenden Kurs des Pfundes. Er lieh sich hohe Beträge in Pfund und kaufte damit deutsche Devisen. Als das Pfund unter den Grenzwert sank, verkaufte die englische Zentralbank ihre DM-Devisen. Als sie keine DM-Devisen mehr hatte, konnte sie ihrer Verpflichtung, den Kurs des Pfundes innerhalb des Grenzwertes zu halten, nicht nachkommen. England erklärte den Austritt aus dem Europäischen Wechselkursmechanismus. Daraufhin stürzte der Kurs des Pfundes ab. Soros kauft mit seinen DM-Devisen das billig gewordene englische Pfund und erhielt einen Betrag, der den geliehenen Betrag um 1 Mrd. Pfund überstieg.

Man kann die Spekulation des Soros damit rechtfertigen, Soros habe lediglich eine ohnehin notwendige Anpassung der Wechselkurse in Gang gesetzt. Diese Auffassung lässt außer acht, dass eine Änderung der Wechselkurse eine Sache des Marktes und nicht eines Eingriffs unter Einsatz von hohen Krediten ist. Man sollte die Spekulation daher als ein riskantes Unternehmen betrachten. Soros konnte nicht wissen, wie hoch der DM-Devisenbestand der englischen Zentralbank war. Er konnte auch nicht wissen, ob die englische Zentralbank nicht einen längerfristigen Kredit von der deutschen Zentralbank beantragen und erhalten werde, sodass die Zinsen, die Soros für die geliehenen Pfund zahlten musste, in Laufe der Zeit so hoch wurden, dass er die Spekulation hätte abbrechen müssen.

Währungsspekulationen hat es im Zusammenhang mit der Eurokrise 2012 gegeben. Spekulanten haben zum Beispiel griechische Staatsanleihen gekauft, als die Kurse gesunken waren, weil sie darauf spekulierten, dass Griechenland gerettet werde und die Kurse wieder steigen würden.

Eine Spekulation auf Kredit ist der Leerverkauf (engl. Shortselling). Beim Leerverkauf verkauft der Leerverkäufer Aktien, die er sich vorher – gegen Zahlung einer Gebühr - geliehen hat. Er spekuliert darauf, dass die Aktienkurse sinken, sodass er die Aktien, die er dem Verleiher zurückgeben muss, nach einiger Zeit zu einem niedrigen Kurs kauft - sogenannter Deckungskauf. Die hohe Einnahme aus dem Verkauf der Aktien abzüglich dem niedrigen Preis für den Deckungskauf abzüglich der Gebühr ist sein Gewinn. Beim Leerverkauf wird somit Gewinn durch Spekulation auf sinkende Kurse erzielt. Beim ungedeckten Leerverkauf hat der Leerverkäufer keine Aktien geliehen. Er verkauft etwas, was er nicht besitzt.

Leerverkäufe mit hohem Volumen können dazu genutzt werden, die Kurse in die gewünschte Richtung zu bewegen. Durch die Verkäufe sinken infolge des hohen Angebots die Kurse und der Leerverkäufer kann, wenn die Kurse gesunken sind, den Deckungskauf günstig tätigen.

Exkurs: Beeinflussung der Kurse
An den Tagen des Hexensabbat sind - wie bereits erwähnt - die Aktienkurse in Bewegung. Ob dies entscheidend auf Leerverkäufe zurückzuführen ist, kann nicht gesagt werden. Es kann auch sein, dass hohe nicht ernst gemeinte Kauf- oder Verkaufsorders gestellt werden, die in die Kursbildung einfließen und etwas später storniert werden, sog. Spoofing (engl. Veralbern)

Exkurs: Leerverkauf und Cum-Ex-Steuertrick
Der Leerverkauf wurde für den komplizierten Cum-Ex-Steuertrick genutzt,
der kurz dargestellt sei.
Ziel des Steuertricks ist es, das Finanzamt zu einer doppelten Steuererstattung
zu veranlassen. Hintergrund ist die Besteuerung von Dividenden, die eine
Aktiengesellschaft an einen Aktienfonds ausschüttet. Diese Dividenden sind
von der Kapitalertragssteuer befreit, um eine doppelte Besteuerung zu
vermeiden. Ohne die Steuerfreiheit des Aktienfonds müsste sowohl der
Aktienfonds als auch der Besitzer von Fondsanteilen Steuern auf die
Dividenden zahlen. Besteuert wird daher nur die Dividende, die der Besitzer
der Fondsanteile erhält.
Der steuerliche Vorgang läuft wie folgt ab: Die Aktiengesellschaft führt die
Steuern ohne Rücksicht darauf, ob der Empfänger steuerpflichtig ist oder
nicht, an das Finanzamt ab. Der nicht steuerpflichtige Aktienfonds erhält
somit eine um die Steuern gekürzte Dividende. Dafür erhält einen
Erstattungsanspruch gegen das Finanzamt.
Der Steuertrick funktioniert folgendermaßen: Die Aktienfonds A, B und C
treffen vor der Ausschüttung der Dividenden folgende Vereinbarung. B
verkauft Aktien an C leer (ungedeckter Leerverkauf). Nach der Ausschüttung
kauft B Aktien von A (Deckungskauf), um sie in Erfüllung des Leerverkaufs an
C zu übertragen.
Erfolgt die Ausschüttung, erhält A als Eigentümer der Aktien die Dividende.
Seine Aktien sind Aktien mit (cum) Dividende. A erhält auch die
Steuererstattung vom Finanzamt.
Nach der Ausschüttung kauft Leerverkäufer B – wie vereinbart – die Aktien
des A, auf die bereits Dividenden ausgeschüttet worden waren. Diese Aktien
sind Aktien ohne (ex) Dividende. B überträgt die Aktien nun an C. Nach der
Rechtsprechung war C - und das ist das Entscheidende für den Steuertrick -
bereits mit Abschluss des Leerverkauf-Vertrages, somit vor der Ausschüttung,
wirtschaftlicher Eigentümer der Aktien geworden, sodass C vor der
Ausschüttung Eigentümer war und den Anspruch auf die Dividende und die
Steuererstattung hatte. Die Finanzämter haben den Anspruch auf
Steuererstattung anerkannt.

Aktien werden täglich in großen Mengen gekauft und verkauft, sodass jeder
Kaufwillige einen Verkäufer und jeder Verkaufswillige einen Käufer findet.
Der Aktienmarkt ist, wie man sagt, ein liquider Markt – anders als zum Bei-
spiel der Kunstmarkt, bei dem es nur wenige Käufer und Verkäufer gibt.
Durch die hohen Umsätze sind die Kurse jeden Tag in Bewegung. Sie
schwanken.

Die Schwankung der Kurse ist von bestimmten Tagesereignissen abhängig,
Solche Tagesereignisse sind zum Beispiel die Ankündigung der Regierung,

die Unternehmenssteuern zu senken oder die Andeutung der Zentralbank, die auf eine Senkung der Zinsen schließen lassen. Diese Ereignisse haben, wenn sie realisiert werden, Auswirkungen auf die Gewinnaussichten der Unternehmen und auf die Bereitschaft, Aktien – gegebenenfalls auf Kredit - zu kaufen. Wird die Erwartung enttäuscht – die Steuern und die Zinsen werden nicht so stark wie erwartet gesenkt -, kann es passieren, dass die Kurse sinken, obwohl die Senkung der Steuern oder Zinsen als solche positive Maßnahmen sind. Wenn es an einem Ereignis fehlt, das einen Kursanstieg oder Kursrückgang erklären kann, hört oder liest man häufig, wenn die Kurse gefallen sind, die Anleger hätten Gewinne mitgenommen und, wenn die Kurse gestiegen sind, die Anleger hätten eine günstige Gelegenheit zum Kauf genutzt. Diese Begründungen sind nichtssagend. Sie zeigen, dass es für manche Vorgänge an der Börse keine rationale Begründung gibt. Stimmungen spielen eine große Rolle. Ein Beispiel ist die jährliche sogenannte Jahresendrally. Sie kann nur mit der vorweihnachtliche Stimmung erklärt werden.

Es gibt keine Möglichkeit, die Kurse sicher zu prognostizieren. Die Chartanalyse ist eine Methode, bei der aus gewissen Kursmustern der Vergangenheit auf die Zukunft geschlossen wird. Aus einem starken Kursaufschwung (Momentum) wird der Schluss gezogen, dass der Aufschwung eine Weile anhält. Diese Auffassung ist darin begründet, dass nach dem Einsatz einer Aufwärtsbewegung in der Regel weitere Aktienkäufe erfolgen und der Aufschwung an Kraft gewinnt. Dies lässt sich mit dem Herdenverhalten erklären. Wenn viele Aktien kaufen, folgen immer mehr dem Trend und kaufen ebenfalls Aktien. Ein anderes Verfahren, Kurse zu prognostizieren, ist die Fundamentalanalyse. Sie legt die wirtschaftliche Kenndaten (Gewinn, Verschuldung. Liquidität) der Vergangenheit zugrunde und zieht aus ihnen Schlüsse auf die Zukunft.

Gäbe es eine sichere Möglichkeit, Aktienkurse zu prognostizieren, könnten alle auf einfache Weise ohne Arbeit reich werden. Schließlich würde niemand mehr arbeiten. Der Reichtum wäre aber nichts wert. Er wäre ein Reichtum auf dem Papier, dem Depotauszug der Bank, für den man nichts kaufen kann, da es nichts zu kaufen gibt.

Hinsichtlich des Leerverkaufs und des Kaufs von Aktien auf Kredit sind einige kritische Anmerkungen angezeigt. Der Leerverkauf widerspricht dem

Geldsystem, das ein System steigender Preise – daher das Inflationsziel der Zentralbank - ist. Der Leerverkauf müsste daher aus Gründen der Systematik verboten werden. Er verursacht unnötige Kursschwankungen und damit Instabilität. Auch der Kauf von Aktien auf Kredit, der keinen realwirtschaftlichen Bezug hat - der Kauf von Aktien eines Unternehmens der Realwirtschaft zum Zweck der Übernahme und der Rationalisierung hat einen realwirtschaftlichen Bezug -, sollte verboten werden. Die kreditfinanziert Finanzspekulation mit Aktien bläht die Kurse auf. Das entstehende Vermögen ist ohne Substanz, da es ohne Arbeit entstanden ist. Vermögen ohne Substanz ist prekär. Es ist von der weiteren Nachfrage nach Aktien und damit von weiteren Krediten abhängig, damit eine Stagnation und schließlich ein Rückgang der Kurse verhindert wird.

Die Börse ist keine einfache Sache. Man sollte sich nicht durch wohlfeile Börsenweisheiten leiten lassen. „Greife nicht in ein fallendes Messer", heißt eine Empfehlung– also kaufe nicht, wenn die Kurse abstürzen. Eine andere lautet: „Kaufe, wenn die Kanonen donnern", also wenn die Aktienkurse abstürzen. Wie man sieht, es gibt keine eindeutigen Ratschläge. Dies zeigen auch Bonmots bekannter Persönlichkeiten über die Börse[72]:

Bankier Carl Fürstenberg „Im Unterschied zur Straßenbahn wird an der Börse zum Ein- und Aussteigen (d.h. Zum Kauf bzw. Verkauf) nicht geklingelt".

Mark Twain: „Es gibt zwei Zeiten im menschlichen Leben, in denen man nicht spekulieren sollte: Wenn man es sich nicht leisten kann, und wenn man es kann".
und
„Oktober. Dies ist einer der besonders gefährlichen Monate, um am Aktienmarkt zu spekulieren. Die anderen sind Juli, Januar, September, April, November, Mai, März, Juni, Dezember, August, und Februar".

John Steinbeck „Der sicherste Weg, an der Börse zu einem kleinen Vermögen zu kommen, ist, mit einem großen zu beginnen".

---

72   Entnommen aus https://www.focus.de/finanzen/boerse/von-kanonendonner-und-zittrigen-haenden-von-kanonendonner-und-zittrigen-haenden_id_11407115.html

Isaac Newton „Ich kann zwar die Bewegung der Himmelskörper berechnen, aber nicht, wohin eine verrückte Masse von Menschen einen Börsenkurs treiben kann".

André Kostolany: „Ich kann Ihnen nicht sagen, wie man schnell reich wird; ich kann Ihnen aber sagen, wie man schnell arm wird: Indem man nämlich versucht, schnell reich zu werden".

Da die Aktienkurse zwangsläufig langfristig steigen, eigenen sie sich zur Vermögensbildung und zur Altersvorsorge, aber nur in der Theorie. In der globalen unübersichtlichen Wirtschaft ist der dauerhafte Erfolg eines Unternehmens nicht sicher und nur schwer einzuschätzen. Auch ist nicht sicher, ob die quantitative Lockerung der Zentralbanken endlos fortgesetzt werden wird, sodass die Kurse steigen. Der Kauf von Aktien mit dem Ziel, sie langfristig zu halten, ist keine sichere Sache. Dem Käufer bleibt nichts anderes übrig als die kurzfristige Sichtweise und sein Aktiendepot anzupassen, wobei der ständige Verkauf und Kauf Kosten verursacht. Die Empfehlung einer Streuung der Aktien – Kauf von Aktienfondsanteilen – ist auch nicht die Lösung. Wenn Verluste bei den einen Aktien durch Gewinn bei anderen kompensiert werden, handelt es sich um ein Nullsummenspiel.

19. Das Problem der hohen Schulden

Das reine Papiergeldsystem beruht auf Schulden. Schulden werden auf ordentliche Weise durch Zahlung mit Eigenkapital getilgt, das auf Arbeitsleistung beruht. Die Unternehmen benötigen Gewinne und die Staaten benötigen Steuereinnahmen, die auf der Arbeitsleistung der Steuerzahler beruhen.

Die Grenze der Verschuldung ist erreicht, wenn die Schulden so hoch sind, dass sie eine derart hohe Arbeitsleistung erfordern, die unmöglich erbracht werden kann. Die Schulden können dann nicht mehr auf ordentliche Weise getilgt werden. Sie nicht mehr tragfähig.

Hinsichtlich der Verschuldung gibt es einige „Goldene Regeln". Bei den Unternehmen soll das Eigenkapital 30% betragen. Auch wer ein Haus baut, sollte Eigenkapital in dieser Höhe haben. Beim Staat soll die Schuldengrenze, so eine allerdings umstrittene Auffassung, bei 90% des Bruttoinlandsprodukt liegen[73].

Den Regeln liegt die Erkenntnis zugrunde, dass es einen zu starken Anstieg der Schulden nicht geben darf. Daraus erklärt sich, dass es Rechtsinstitute gibt, die die Schulden in Grenzen halten sollen. Im alten Judentum gab es alle sieben Jahre ein sogenanntes Jubeljahr, in dem die Schulden erlassen wurden. Auch das Insolvenzrecht sowie das bereits erwähnte amerikanische Rechtsinstitut des Forelosure sind hier zu erwähnen.

Was die Zinsen von 0% und die quantitative Lockerung betrifft, so hat man den Eindruck, es gebe keine Grenze der Verschuldung. Irgendwann stellt sich für die Gläubiger aber dann doch die Frage, ob ihre Schuldner die Schulden zurückzahlen können, ob ihre Schulden tragfähig sind.

Für die Unternehmen ist der Gewinn und für den Staat sind die Steuereinnahmen entscheidend. Durch Gewinn bzw. Eigenkapital kann ein Unternehmen und durch Steuereinnahmen kann der Staat die Schulden reduzieren.

---

73 Siehe Holtfrerich und andere; Ursachen, Wirkungen und Grenzen. S 43
   https://www.akademienunion.de/fileadmin/redaktion/user_upload/Publikationen/Stellungnahmen/3Akad_Bericht_Staatsschuld
   en2015.pdf

Im folgenden wollen wir uns anschauen, wie sich das Verhältnis von Gewinn bzw. Steuereinnahmen zur Verschuldung in den letzten 10 Jahren in den USA und in Deutschland entwickelt hat.

USA

USA-Privatsektor:

Die Entwicklung der Gewinne und der Verschuldung der Unternehmen der Realwirtschaft stellt sich wie folgt dar[74]:

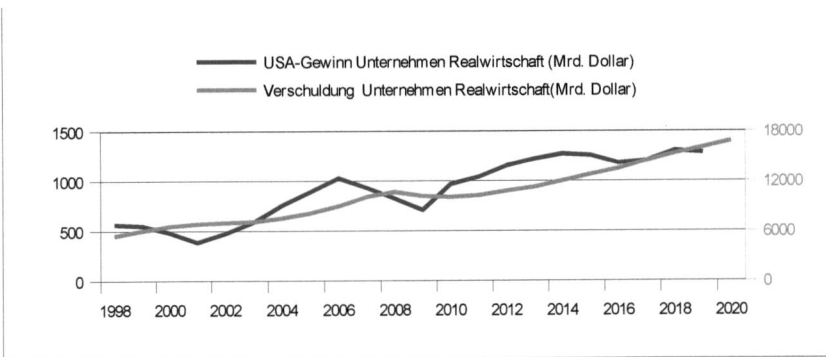

Die Gewinne stiegen von 2010 bis 2019 von 960 Mrd. $ auf 1.280 Md. $ und somit um 33%. Die Schulden stiegen im gleichen Zeitraum von 10.000 Mrd. $ auf 16.000 Mrd. $ und somit um 15%. Die Gewinne sind somit im Verhältnis zu den Schulden stärker gestiegen. Dies könnte damit zu erklären sein, dass in den Gewinnen auch gestiegene Aktienkurse enthalten sind. Die Unternehmen haben, wie bereits dargelegt, Aktien auf Kredit gekauft und durch steigende Aktienkurse Gewinn erzielt. Diese Gewinne beruhen nicht auf Arbeitsleistung in den Betrieben, sodass die verbesserte Gewinnsituation ein verzerrtes Bild ergibt.

Die Entwicklung des prozentualen Anteil des Gewinns an der Verschuldung zeigt der folgendes Chart:

---

74 Eigene Darstellung; Daten aus
    1) www.bea.gov Data- Data by Topic – all Topics – Income & Savings – Corporate Ptrofits – Interactive Data Table 6.16D – Corporate Profits by Industry – Financial, Nonfinan
    2) www.federalreserve.gov Data – Financial Accounts - Financial Accounts of the United States-Z1 - Release Dates – June 2020 PDF Summary D3 Debt Outstanding by Sector – Business – Total; Werte ab 1975: Release Dates 2008

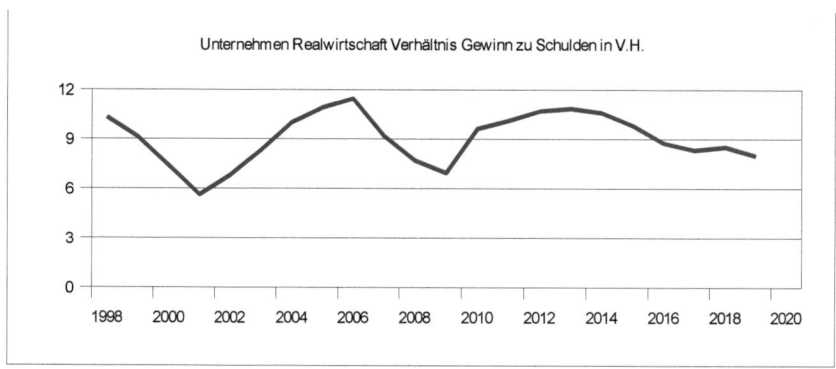

Unternehmen Realwirtschaft Verhältnis Gewinn zu Schulden in V.H.

Der Anteil des Gewinns an den Schulden ist in den letzten Jahren zurückge-gangen, und das trotz der niedrigen Zinsen und damit der Möglichkeit der günstigen Finanzierung von realwirtschaftlichen Investitionen. Der Anteil betrug 9,6% in 2010 und 8% in 2019.

Die Entwicklung der Gewinne und der Verschuldung der Unternehmen der Finanzwirtschaft stellt sich wie folgt dar[75].

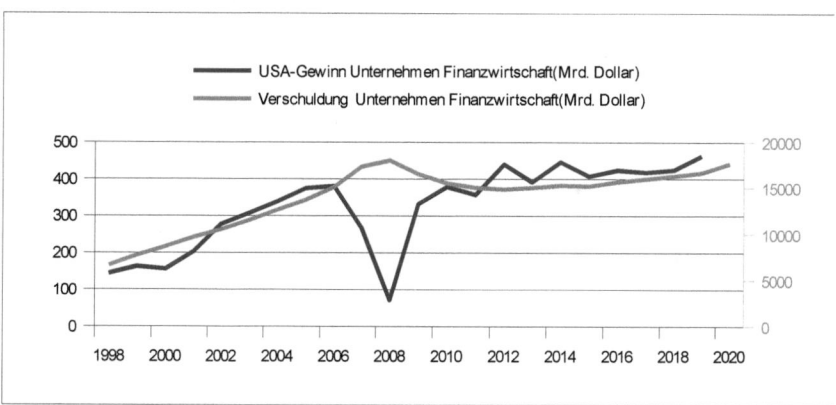

USA-Gewinn Unternehmen Finanzwirtschaft(Mrd. Dollar)
Verschuldung Unternehmen Finanzwirtschaft(Mrd. Dollar)

Die Gewinne stiegen von 2010 bis 2019 von 380 Mrd. $ auf 460 Md. $ und somit um 20%. Die Schulden stiegen im gleichen Zeitraum von 15.500

---

75   Eigene Darstellung; Daten aus
    1) www.bea.gov   Data- Data by Topic – all Topics – Income & Savings – Corporate Ptrofits – Interactive Data Table 6.16D –
    Corporate Profits by Industry – Financial, Nonfinancial
    2) www.federalreserve.gov Data – Financial Accounts - Financial Accounts of the United States-Z1 - Release Dates – June
    2019 PDF Summary D3 Debt Outstanding by Sector - Domestic financial sectors; Werte ab 1975: Release Dates 2008

Mrd. $ auf 16.700 Mrd. $ und somit um 7%. Die Gewinne sind somit im Verhältnis zu den Schulden stärker gestiegen.

Der prozentuale Anteil des Gewinns an der Verschuldung betrug 2,4% in 2010 und 2,9% in 2019 und hat sich kaum verändert.

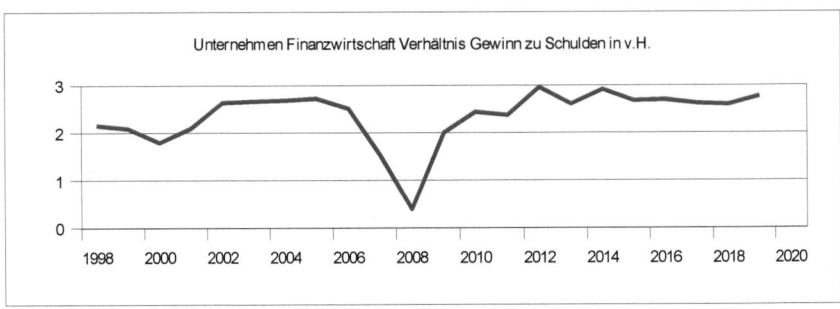

Die Finanzwirtschaft arbeitet bei der Herstellung von Finalprodukten, zum Beispiel von Verbriefungen, mit hohen Schulden, sodass ihre Gewinne im Verhältnis zur Verschuldung niedrig sind. Einen Einbruch der Gewinne hat es 2008 infolge hoher Abschreibungen (Insolvenzen, Foreclosure) gegeben.

USA-Öffentlicher Sektor:

Das Gesamtsteueraufkommen und die Gesamtstaatsverschuldung stellen sich wie folgt dar[76]:

---

76 Eigene Darstellung; Daten aus
    1) www.irs.gov - Our Agency – About IRS – Tax Statistics- IRS Data Book – Index of Data Book Tables – Table 1 Collections and Refunds, by Type of Tax – Fisca Years 2018 – 1995 und
    2) www.treasurydirect.gov Government - Reports - Public Debt Reports – MSPD (Monthly State of the Public Debt) - Historical Information – Jahr – Summery (Text) –Total Public Debt Outstanding – Totals

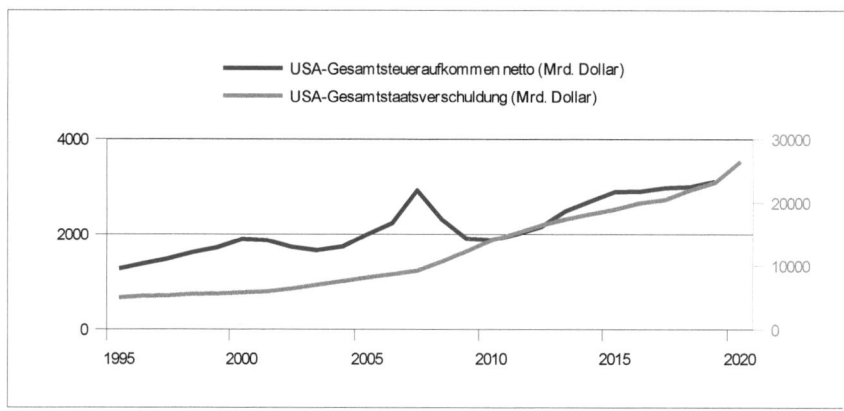

Das Gesamtsteueraufkommen stieg von 1.880 Mrd. $ in 2010 auf 3.100 Mrd. $ in 2019 und somit um 65%. Die Gesamtstaatsverschuldung stieg im gleichen Zeitraum von 14.000 Mrd. $ auf 23.200 Mrd. $ und somit um 66%, somit prozentual in gleichem Umfang.

Der prozentuale Anteil des Gesamtsteueraufkommens an der Gesamtstaatsverschuldung betrug 13,4% in 2010 und 13,4% in 2019 und hat sich nicht verändert.

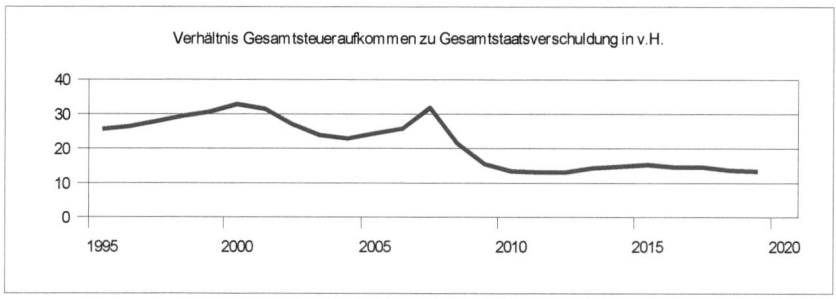

Deutschland

Deutschland-Privatsektor:

Daten über die Gewinne getrennt für Unternehmen der Realwirtschaft und Unternehmen der Finanzwirtschaft sind nicht verfügbar, sodass nachstehend

99

nur die Entwicklung der Verschuldung dargestellt wird. Sie stellt sich wie folgt dar[77]:

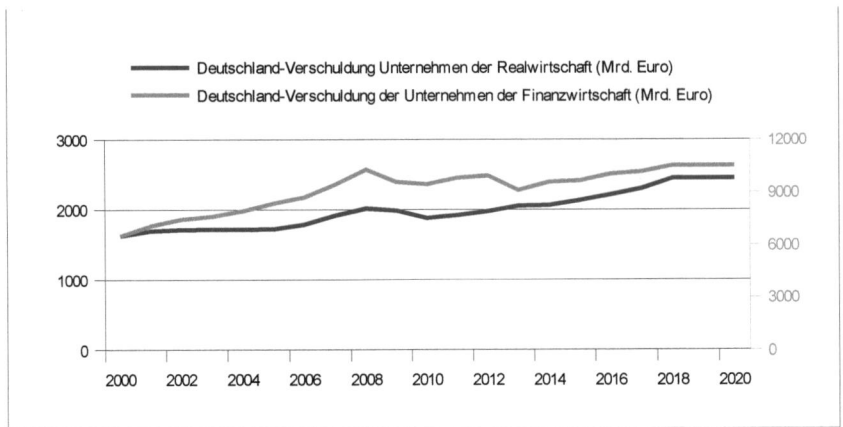

Die Verschuldung der Unternehmen der Realwirtschaft stieg von 1.880 Mrd. € in 2010 auf 2.440 Mrd. € in 2018 und somit um 30%. Die Verschuldung der Unternehmen der Finanzwirtschaft stieg im gleichen Zeitraum von 9.440 € auf 10.500 € und somit um 11%.

Der relativ hohe Anstieg der Unternehmen der Realwirtschaft dürfte wie in den USA auf die quantitative Lockerung zurückzuführen sein. Die hohe Verschuldung der Unternehmen der Finanzwirtschaft war vor 2008 durch das Engagement vieler deutscher Banken in dem Geschäft mit Verbriefungen entstanden.

Deutschland-Öffentlicher Sektor

Die Entwicklung des Gesamtsteueraufkommens und der Gesamtstaatsverschuldung stellt sich wie folgt dar[78]:

---

77 Eigene Darstellung; Daten aus: www.destatis.de – Themen - Wirtschaft – Volkswirtschaftliche Gesamtrechnungen, Inlandsprodukt – Publikationen – Vermögensrechnung – Sektorale und gesamtwirtschaftliche Vermögensbilanzen 1999 bis 2018
78 Eigene Darstellung; Daten aus
  1) www.bundesfinanzminisierium.de - Service –Publikationen – BMF - Monatsbericht August 2020 – Statistiken und Dokumentationen – Übersichten zur finanzwirtschaftlichen Entwicklung – Steueraufkommen nach Steuergruppen
  2) ww.destatis.de Unsere Themen - Staat - Öffentliche Finanzen - Schulden, Finanzvermögen - Tabellen - Schulden - Jährliche Schuldenstatistik im Zeitvergleich - Schulden beim nicht-öffentlichen Bereich insgesamt

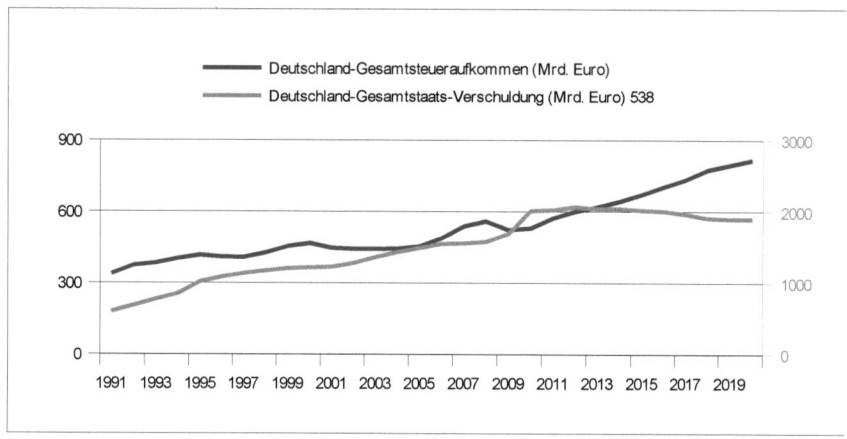

Das Gesamtsteueraufkommen stieg von 530 Mrd. € in 2010 auf 800 Mrd. € in 2019 und somit um 51%. Die Gesamtstaatsverschuldung sank im gleichen Zeitraum von 2.010 Mrd. € auf 1.900 Mrd. € und somit um 5%.

Der prozentuale Anteil des Gesamtsteueraufkommens an der Gesamtstaatsverschuldung stieg von 26,4% in 2010 auf 41,9% in 2019.

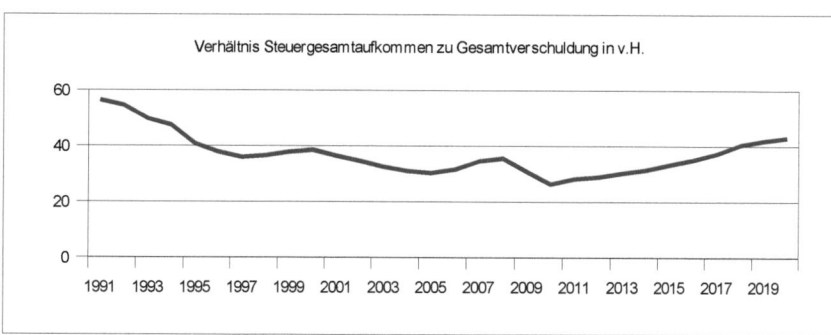

Für die letzten 10 Jahre stellte sich das Problem der Schuldentragfähigkeit für die Unternehmen der Realwirtschaft sowohl in den USA als auch in Deutschland. Der Anteil des Gewinns an der Verschuldung hat eine sinkende Tendenz, obwohl in dem Gewinn außerordentliche Gewinnen aus gestiegenen Kursen der von ihnen gekauften Aktien besteht.

Was das Verhältnis zwischen Steuereinnahmen und Staatsverschuldung in den USA betrifft, so war es in den letzten 10 Jahren zwar stabil, jedoch ist der Anteil der Steuereinnahmen an der Staatsverschuldung mit 13,4 % recht gering, wenn man ihn mit den Jahren 1995 und 2007 vergleicht, wo er 25,5% bzw. 31,8% betrug. Die USA sind offensichtlich nicht in der Lag den Anteil zu erhöhen, was bedenklich stimmen muss. Die Staatsverschuldung steigt zu stark.

Der Staat kann versuchen, durch Streuerhöhungen und Ausgabekürzungen das Verhältnis von Steuereinnahmen und Schulden zu verbessern. Doch das ist nur begrenzt möglich. In Zeiten von Krisen und schlechter Konjunktur gibt es zu wenig Arbeit und Steuererhöhungen würden die Wirtschaft belasten. Die Arbeitsleistungen gehen zurück und damit das Steueraufkommen. Wenn der Staat dann noch kreditfinanzierte Konjunkturprogramme auflegt, verschlechtert sich des Verhältnis von Steuereinnahmen zur Verschuldung zusätzlich. Eine Verschlechterung ist durch die Coronakrise zu erwarten. Ob sich das Verhältnis schnell wieder verbessern wird, bleibt abzuwarten.

Bei einer extremen Verschlechterung des Verhältnisses von Steuereinnahmen zur Staatsverschuldung kann es dazu kommen, dass es einigen großen Anlegern nicht mehr geheuer ist und sie ihre Staatsanleihen zu verkaufen beginnen. Dies gilt auch für ausländische Anleger, die im Besitz hoher Mengen an amerikanischen Staatsanleihen sind (u.a. China). Sollte das Angebot an Staatsanleihen stark ansteigen und die Anleihekurse sinken, steigen die Zinsen. Es stellt sich dann die Frage, wie die Zentralbank reagiert. Wird sie alle angebotenen Staatsanleihen aufkaufen, um die Zinsen niedrig zu halten oder wird sie nur einen Teil der Staatsanleihen kaufen und eine Erhöhung der Zinsen zuzulassen? Höhere Zinsen bedeuten höhere Kosten und höhere Kosten führen zur Inflation.

Interessant in die Erklärung der amerikanischen Zentralbank von August 2020, an dem Inflationsziel von 2% nicht mehr festhalten und eine höhere Inflationsrate akzeptieren zu wollen. Diese Erklärung ist merkwürdig. Das Inflationsziel von 2% wurde nicht erreicht und ein höheres Ziel zu setzen macht daher keinen Sinn. Die Erklärung kann nur den Sinn haben, die Öffentlichkeit auf eine höhere Inflation vorzubereiten, weil man damit rechnen muss, dass Anleger hohe Mengen an Staatsanleihen verkaufen werden und die die Zentralbank nicht alle Anleihen wird kaufen können.

Eine höhere Inflation hätte den Vorteil, dass die hohen Schulden reduziert würden. Durch die Inflation werden das Geld und die Geldforderungen und damit die Schulden abgewertet.

Eine höhere Inflation durch höhere Zinsen ist nicht ungefährlich. Sie führt zu einem geringeren kreditfinanzierten Kauf von Aktien und somit zu einer sinkenden Nachfrage nach Aktien. Die Aktienkurse steigen nicht mehr wie bisher. Viele Aktienbesitzer könnten sich veranlasst sehen zu verkaufen und die Kurse sinken, möglicherweise stark. Viele Kredite sind dann nicht mehr durch Aktienvermögen gedeckt und es besteht die Gefahr einer Kettenreaktion von Zahlungsunfähigkeiten. Die Zentralbank darf insofern die Inflation und damit die Zinsen nicht zu sehr ansteigen lassen. Sie wird eine Balance zwischen Schuldenreduzierung und dem Rückgang der Aktienkurse finden müssen.

Denkbar wäre auch, dass die amerikanische Zentralbank alle Anleihen kauft und die Zinsen dadurch in den negativen Bereich drückt, um einen Absturz der Aktienkurse zu verhindern. Die Nachfrage nach Aktien würde, da Aktien die einzige Möglichkeit einer gewinnbringenden Anlage wären, steigen. Höhere negative Zinsen müssten dazu führen, dass niemand mehr Staatsanleihen kaufen würde und der Staat keine Käufer für neue Anleihen finden würde. Die Zentralbank müsste wohl oder übel alle neu emittierten Staatsanleihen kaufen, damit der Staat handlungsfähig bleibt – was eine unzulässige Staatsfinanzierung durch die Zentralbank wäre. Die Erklärung der amerikanischen Zentralbank von August 2020 deutet darauf hin, dass sie einen Ankauf aller Anleihen und negative Zinsen nicht in Erwägung zieht.

Sollte es eine Inflation in den USA geben, würde der Geldwertverlust des Dollar ausländische Investoren abschrecken. Die ausländische Nachfrage nach Dollar wurde sinken und damit der Wechselkurs. Dies hätte Auswirkungen auf die deutsche Wirtschaft, deren Exporte in die USA, wo die Güterpreise sich durch den relativ höheren Eurokurs verteuern, zurückgehen würden. Betroffen wären das Wirtschaftswachstum und die Steuereinnahmen des deutschen Staates.

Für die Frage, wann die Schuldentragfähigkeit erreicht ist, gibt es keine lehrbuchmäßigen Anhaltspunkte. Für die Volkswirten steht das Wirtschaftswachstum im Vordergrund und dies kann mit Schulden schnell erzeugt werden. Die Frage der Schuldentilgung kommt bei ihnen häufig zu kurz. Solange die großen Investoren in stark steigenden Schulden kein Problem sehen, wird nicht viel passieren. Aber man sollte nicht allzu sicher sein. Wie der Schwarze Donnerstag 1929 gezeigt hat, kann alles sehr schnell und unerwartet kommen wie ein Blitz aus heiterem Himmel.

20. Die Macht des Dollar

Der US-Dollar ist die Leitwährung, Das bedeutet, dass der größte Teil des weltweiten Handels in Dollar abgewickelt wird. Das gilt vor allem für das Erdöl. Wer Erdöl kauft, benötigt Dollar. Dies gilt auch, wenn auf beiden Seiten des Geschäfts nicht-amerikanische Unternehmen beteiligt sind.

Der Dollar ist vergleichbar mit dem Gold als Weltwährung in der Antike. Schon damals gab es internationalen Handel. Gezahlt wurde mit Goldmünzen. Dabei war es unerheblich, in welchem Land die Goldmünzen geprägt waren. Entscheidend war die Menge an Gold, somit das Gewicht der Münzen.

Vor dem Dollar war das englische Pfund die Leitwährung. England trieb intensiv Handel mit den Staaten des Britischen Empire (Britisches Weltreich). Seine goldgedeckte Währung wurde zur Leitwährung. Seit Beginn des 20. Jahrhunderts wurde das Pfund nach und nach durch den Dollar abgelöst. Die USA waren zur führenden Wirtschaftsmacht aufgestiegen. Im Bretton Woods Abkommen von 1944, dem die Bundesrepublik später beitrat, wurde der goldgedeckte Dollar als Leit- und Reservewährung festgelegt. Die Staaten stützten ihre Währung nicht mehr wie bisher durch Goldreserven, sondern durch Reserven in Dollar. Wer Dollar besaß, besaß gleichsam Gold. Die Währungen der am Abkommen beteiligten Staaten waren fest an den Dollar gekoppelt. In 1971 hoben die USA die Golddeckung auf. Die USA hatten den Vietnamkrieg mit Papiergeld finanziert, sodass der Dollar nur unzureichend durch Gold gedeckt war. Das Bretton Woods System der festen Wechselkurse war damit beendet und es begann eine neue Zeit, die Zeit der freien Wechselkurse und damit die Möglichkeit der Währungsspekulation (Soros).

Gleichwohl blieb der Dollar die Leitwährung, was wohl auch damit zu erklären ist, dass der damals größte Ölproduzent Saudi Arabien der US Regierung zusagte, Öl nur gegen Dollar zu verkaufen. Da alle Staaten Öl benötigten, benötigten sie Dollar. Heute macht der Euro dem Dollar in gewissem Umfang Konkurrenz. China versucht, sich vom Dollar unabhängiger zu machen.

Wenn ausländische Unternehmen Dollar brauchen, benötigen ihre Banken Buchgeld bei amerikanischen Korrespondenzbanken. Die ausländische Bank ist insofern von ihrer amerikanischen Korrespondenzbank, mit der sie zusammenarbeitet, abhängig. Diese Abhängigkeit kann die amerikanische Regierung zur Durchsetzung politischer Ziele nutzen. Als sie den Iran nach der Kündigung des Atomabkommens in 2018 mit Sanktionen belegte, verbot sie den amerikanischen Banken nicht nur die Kooperation mit iranischen Banken, sondern auch die Kooperation mit ihren ausländischen Korrespondenzbanken, die mit iranischen Banken kooperierten. Die ausländischen Korrespondenzbanken mussten notgedrungen ihre Kooperation mit iranischen Banken einstellen, um nicht ihre Geschäfte mit amerikanischen Banken zu gefährden.

Die EU wollte den Handel mit dem Iran aufrecht erhalten, um das Atomabkommen zu retten. Sie gründete eine Zweckgesellschaft, über die der Handel zwischen den EU-Staaten und dem Iran abgewickelt werden sollte. Die gegenseitigen Lieferungen – zum Beispiel iranisches Erdöl gegen industrielle Güter aus der EU - sollten über die Zweckgesellschaft verrechnet werden. Dieses Tauschhandel-Konzept hat nicht funktioniert.

Für die USA ist der Dollar als Leitwährung ein mächtiges Instrument. Es ist daher verständlich, dass China als inzwischen zweitgrößte Wirtschaftsmacht seine Währung als konkurrierende Leitwährung aufbauen möchte. China kaufte, um den Wert der eigenen Währung zu dokumentieren, große Mengen Gold[79].

Die Leitwährung hat für die USA noch einen anderen Vorteil. Die Banken in den USA halten viel Geld auf Konten, deren Inhaber Ausländer sind. Die hohe Geldmenge wird in den USA gewinnbringend angelegt. Da die USA und ihre Währung als sicher gelten, legen die Ausländer ihr Geld unter anderem in amerikanischen Staatsanleihen an. Der amerikanischen Regierung fällt es daher, da sie zahlreiche ausländische Abnehmer für ihre Staatsanleihen findet, ziemlich leicht, den Haushalt mit Schulden zu finanzieren. Die hohe Staatsverschuldung der USA ist, solange das Ausland die amerikanische Staatsanleihen nachfragt, keine Problem. Ob dies auch in Zukunft der Fall sein wird, wird sich zeigen.

---

79   Jetzt verfällt die Welt in einen Goldrausch; https://www.welt.de/finanzen/geldanlage/article198163939/Gold-Jetzt-feiert-das-Edelmetall-sein-grosses-Comeback.html

21. Der Euro

Es besteht ein enger Zusammenhang zwischen Staat und Geld. Der Staat legt die Bezeichnung für das Geld bzw. die Währung fest (z.B. Dollar, Euro). Geld in einer bestimmten Währung bedeutet eine bestimmte Kaufkraft, die abhängig ist von der Arbeitsleistung, die in dem Staat erbracht wird. Die Qualität und Quantität der Arbeitsleistung wiederum ist abhängig von der Politik des Staates. Übertriebene bürokratische Regelungen und hohe Steuern verleiden den Menschen die Arbeit. Es wird weniger gearbeitet und produziert. Für das Geld kann weniger gekauft werden. Es hat weniger Kaufkraft.

Von großer Bedeutung ist, dass der Staat für Strukturen sorgt, die Leistungen ermöglichen und fördern (z.B. Schulen, Forschungseinrichtungen, Verkehrsinfrastruktur). Dazu gehört auch eine Sozialpolitik, die den Menschen Sicherheit gibt. Soziale Sicherheit stärkt die Leistungsbereitschaft. Allzu großzügige Sozialleistungen –allzu großzügige Subventionen – können die Leistungsbereitschaft schwächen, da man ohne Anstrengung Geld erhält.

Der Zusammenhang zwischen Staat und Arbeitsleistung wird durch eine Währungsunion aufgehoben. Mehrere Staaten mit unterschiedlicher Arbeitsleistung erhalten das gleiche Geld. Es entsteht eine Diskrepanz zwischen der einheitlichen Währung und der Arbeitsleistung, die in den einzelnen Staaten der Währungsunion erbracht wird.

Bei der Einführung des Euro hatte man das Problem der Diskrepanz erkannt. Es gab zwei konträre Auffassungen. Die eine Auffassung besagte, die Diskrepanz müsse erst beseitigt sein bevor der Euro eingeführt werden könne. Die andere Auffassung, die sich durchsetzte, ging davon aus, dass hohe Anforderungen an die Einführung des Euro die Diskrepanz von selbst beseitigen werde. Im Vertrag von Maastricht von 1992 – der Grundlage des Euro – wurden die Anforderungen an die Einführung des Euro durch die sogenannten Konvergenzkriterien festgelegt: Niedrige Zinsen, niedrige Inflation, niedrige Staatsverschuldung. Die niedrige Staatsverschuldung ist das wichtigste Kriterium. Im Stabilitätspakt von 1997 wurde festgelegt, dass die niedrige Staatsverschuldung auch für die Zeit nach Einführung des Euro gilt. Die jährliche Neuverschuldung darf 3% und die Gesamtstaatsverschuldung 60% des Bruttoinlandsprodukts nicht überschreiten.

Die Auffassung, die Regeln über die Begrenzung der Schulden würde die Diskrepanz beseitigen, erwies sich als irrig. Sie ging von der unrealistischen Erwartung aus, die Staaten würden eine Politik ohne Rücksicht auf die Wähler betreiben. Die Schuldengrenzen wurden daher überwiegend nicht eingehalten. Die vorgesehenen Sanktionen der Strafzahlungen wurden nicht verhängt, wobei man fragen muss, wie ein Staat, der kein Geld hat, die Strafzahlungen ohne neue Schulden bezahlen soll. Die Sanktion eines Ausschlusses aus der Währungsunion ist nicht vorgesehen.

Eine Wirtschafts- und Währungsunion von Staaten mit unterschiedlichen Leistungen verstärkt die Diskrepanz. Die leistungsstarken Staaten produzieren zu günstigen Kosten und Preisen. Ihre Produkte werden von den Menschen in den leistungsschwachen Staaten gekauft. In diesen Staaten geht die Produktion zurück und die Arbeitslosigkeit steigt. Umgekehrt entstehen in den leistungsstarken Staaten Wirtschaftswachstum und Beschäftigung.

Die Diskrepanz kann bei einer eigenen Währung durch eine Änderung der Wechselkurse ausgeglichen werden. Die leistungsschwachen Staaten werten ihre Währung ab, sodass ihre Produkte für die Käufer aus den leistungsstarken Staaten, die für ihre Währung nun einen höheren Betrag in der Währung des leistungsschwachen Staates erhielten, billiger werden. Eine Änderung der Wechselkurse hat es immer wieder gegeben, auch unter der Geltung des Europäischen Wechselkursmechanismus. Der Europäische Wechselkursmechanismus ersetzte das 1971 beendete Bretton Woods Abkommen der festen Wechselkurse. Die Wechselkurse durften nur in engen Grenzen schwanken. Die Einhaltung der Grenzen war nicht möglich, sodass sie von Zeit zu Zeit neu festgesetzt werden mussten. Damit war eigentlich klar, dass die Unterschiede der Staaten durch eine Bindung der Währungen aneinander und durch eine Währungsunion nicht beseitigt werden können.

Bei einer Währungsunion kann die Diskrepanz zwischen leistungsstarken und leistungsschwachen Staaten nur dadurch beseitigt werden, dass die leistungsschwachen Staaten ihre Politik ändern, sodass die Arbeitsleistung steigt. Dies ist nicht einfach. Die Einstellung der Menschen müsste geändert werden. Es geht um ihre Einstellung zum Staat, vor allem um die Einstellung zu seinen Leistungen (Sozialleistungen, Renten) und zur Rolle des Staates im Verhältnis zur Wirtschaft (Subventionen). Die Einstellung ist über Jahrzehnte entstanden und daher allenfalls langfristig zu verändern. Es bleibt praktisch nur die Möglichkeit, dass den leistungsschwachen Staaten für eine lange Übergangzeit geholfen wird, was den leistungsstarken Staaten möglich ist, da sie durch die hohen Exporte in die leistungsschwachen Staaten hohe Steuereinnahmen erzielen. Auch ein europäischer Einheitsstaat müsste für einen Ausgleich zwischen leistungsschwachen und leistungsstarken Regionen sorgen so wie dies in Deutschland durch den Finanzausgleich zwischen leistungsstarken und leistungsschwachen Bundesländern der Fall ist.

Einen gewissen Ausgleich hat es durch die Hilfen zur Überwindung der Eurokrise gegeben. Die Hilfen waren an die Bedingung geknüpft, Reformen durchzuführen mit dem Ziel, die Haushaltslage zu verbessern. Die Hilfen von EFSF und ESM bestanden in Krediten mit sehr langer Laufzeit, sodass die Empfängerstaaten für lange Zeit keine Tilgung zahlen und insofern kein Geld benötigen. Ob die Reformen, wenn sie durchgeführt wurden, dauerhaft Bestand haben und die Leistungsfähigkeit dauerhaft sichern, kann nicht mit Sicherheit gesagt werden.

Unabhängig von den Hilfen im Rahmen der Eurokrise steht die Frage eines Finanzausgleichs weiterhin im Raum, insbesondere im Hinblick auf die südlichen Eurostaaten, die Schwierigkeiten haben, ihre Haushalte auszugleichen. Die Gegner des Finanzausgleichs sind der Auffassung, die Währungsunion sei nicht als Transferunion konzipiert. Das ist zwar richtig, vergisst aber, dass man bei Einführung des Euro von irrigen optimistischen Annahmen ausgegangen war. Ein weiterer Vorschlag in Richtung eines Ausgleichs ist der Vorschlag der Vergemeinschaftung der Schulden durch sogenannte Eurobonds. Diese sind Anleihen, die von allen Eurostaaten gemeinsam emittiert werden, um die Einnahmen aus ihnen den Staaten mit Haushaltsproblemen zur Verfügung zu stellen. Auch dieser Vorschlag einer sogenannten Schuldenunion ist umstritten. Er beinhaltet, dass Staaten für fremde Schulden haften, auf deren Begründung sie keinen Einfluss haben. Dies wäre in der Tat ein Systembruch, da jeder für seine von ihm aufgenommenen Schulden selbst verantwortlich ist. Ein weiterer Vorschlag in Richtung zu gemeinschaftlichen Risiken bzw. Schulden ist eine Initiative der EZB, eine Bad Bank für alle Banken der Eurozone zu errichten, wodurch die endgültigen Verluste der Bad Bank – die sich erst nach Jahrzehnten ergeben - von allen Eurostaaten zu tragen wären.

Während der Coronakrise hat die EU-Kommission beschlossen, Schulden aufzunehmen. Eine Schuldenaufnahme durch die EU hat es bisher nicht gegeben. Es ist allerdings rechtlich nicht sicher, ob die Schuldenaufnahme durch die EU zulässig ist. Nach Art. 310 Abs. 1 AEUV - Vertrag über die Arbeitsweise der EU – ist der Haushaltsplan der EU in Einnahmen und Ausgaben auszugleichen und wird unbeschadet der sonstigen Einnahmen vollständig aus Eigenmitteln finanziert (Art. 311 AEUV). Die EU kann aber, wenn ein Tätigwerden erforderlich ist, um eines der Ziele der EU-Verträge zu verwirklichen, und sie die erforderlichen Befugnisse nicht hat, geeigneten Vorschriften erlassen (Art. 352 Abs.1) und angemessene Maßnahmen beschließen, wenn gravierende Schwierigkeiten in der Versorgung mit bestimmten Waren, vor allem im Energiebereich, auftreten (Art. 122 Abs. 1 AEUV). Wie schon in der Frage der Staatsfinanzierung durch die EZB, in der der Europäische Gerichtshof im Gegensatz zum Bundesverfassungsgericht eine großzügigen europafreundliche Sichtweise an den Tag legte[80], kann man davon ausgehen, dass der Schuldenaufnahme keine Hindernisse in den Weg gelegt werden.

Die Öffentlichkeit hatte den Euro in den ersten 10 Jahren als großen Erfolg wahrgenommen. Dass der Euro zunächst erfolgreich war, hat einen einfachen Grund. In manchen Eurostaaten war man an hohe Geldbeträge gewohnt – in Italien zum Beispiel hatten 1.000 Lire den Gegenwert von ca. 1 DM. Aus 1.000 Lire wurden plötzlich ca. 0,50 €. Der psychologische Effekt war, dass man nun meinte, bei einer Kreditaufnahme mit relativ niedrigen Beträgen sich nicht hoch zu verschulden und, zumal die Zinsen für das neue Geld niedrig waren – eine Wirkung der Konvergenzkriterien -, sich einiges leisten zu können. Die Schulden stiegen und mit ihnen das Wirtschaftswachstun. Erst später stellte sich heraus, dass man über seine Verhältnisse gelebt hatte.

Auch in Deutschland stieg die Staatsverschuldung nach Einführung des Euro, was auf die Belastungen durch die Wiedervereinigung zurückzuführen ist. Deutschland konnte die Schuldengrenze von 3% nicht einhalten. Es beschloss in 2003 Reformen (Agenda 2010). Das Arbeits- und Sozialrecht wurde reformiert, das Renteneintrittsalter angehoben und der Kündigungsschutz gelockert. Die Leistungsfähigkeit der deutschen Wirtschaft stieg. Die

---

80 Siehe hierzu Urteil vom 21.6.2016 AZ 2 BvR 2728/13, 2 BvR 2729/13, 2 BvR 2730/13, 2 BvR 2731/13, 2 BvE 13/13 und den entsprechenden Vorlagebeschluss vom 14.1.2014 sowie Urteil vom 5.5.2020 5.5.2020 AZ -2 BvR 859/15 - 2 BvR 1651/15 -- 2 BvR 2006/15 -- 2 BvR 980/16; Rdn 180 ff

hohe Arbeitslosigkeit ging zurück[81].

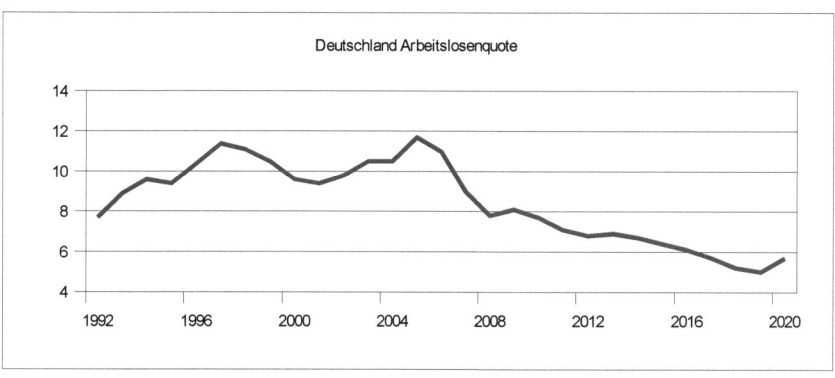

Hinsichtlich der Beschäftigungslage hinterließ die Finanzkrise 2008, die mit Konjunkturprogrammen bekämpft wurde, nur geringe Spuren. Deutschland war bei Ausbruch der Eurokrise 2012 auf einem Weg der Erholung. Von ihm gingen Initiativen aus, die künftige Krisen vermeiden sollten und die zu Vereinbarungen zwischen den Eurostaaten führten. Die Vereinbarungen sind der Euro Plus Pakt von 2011, der Fiskalpakt von 2012 und die Bankenunion von 2013.

Der Euro Plus Pakt, dem auch Nicht-Eurostaaten beitreten können, hat das Ziel einer Angleichung auf den Gebieten Arbeit, Löhne und Unternehmenssteuern. Das Ziel ist unrealistisch, da kein Land zum Beispiel darauf verzichten wird, durch niedrige Unternehmenssteuern große Unternehmen anzulocken (z.B. Irland).

Der Fiskalpakt beinhaltet eine Verschärfung der Maastricht-Kriterien. Die Staaten sollen ausgeglichene Haushalte aufstellen und eine Schuldenbremse, möglichst in der Verfassung, festlegen. Die Staaten mit unausgeglichenen Haushalten müssen ihre Haushaltsentwürfe der EU-Kommission vorlegen.

Kommen wir zur Bankenunion. Die Bankenunion sollte künftig verhindern, dass ein Eurostaat die Banken retten muss und sich dadurch hoch verschul-

81   Eigene Darstellung; Daten aus www.destatis.de - Genesis-Online Datenbank – Themen 1 Gebiet, Bevölkerung, Arbeitsmarkt, Wahlen – 13 Arbeitsmarkt - 13211 Arbeitsmarkttatistik der Bundesagentur für Arbeit – Tabellen Code 13211-0001 – Verfügbarer Zeitraum 1991-2019

det. Sie beinhaltet die Aufsicht der EZB über die große Banken, die Einrichtung eines Einlagensicherungsfonds von 55 Mrd. €, eine gemeinsame Einlagensicherung für alle Banken und Regeln über die Sanierung und Abwicklung von Banken, die in eine Schieflage geraten sind.

Die Sanierung und Abwicklung der Banken – in Deutschland wurde 2014 das Sanierungs- und Abwicklungsgesetz erlassen – hat erhebliche praktische Bedeutung für den einzelnen. Die Sanierung und Abwicklung von Banken erfolgt nicht mehr wie bisher durch externe Maßnahmen, das heißt durch den Staat, der die Banken auslöst - sogenanntes Bail-out -, sondern durch interne Maßnahmen zu Lasten der Eigentümer (Aktionäre) und Gläubiger der Banken - sogenanntes Bail-in. Gläubiger der Banken sind die Inhaber von Buchgeld und Sparguthaben. Sie verlieren ihre Guthaben, soweit diese 100.000 € übersteigen. Hat ein mittelständischer Unternehmer 1 Mio. € auf seinem Konto, muss er aufpassen, dass er das Geld nicht über Nacht verliert, wenn seine Bank an einem Wochenende geschlossen und das Sanierungs- bzw. Abwicklungsverfahren eingeleitet werden sollte. Ob die privaten Sicherungssysteme der Banken in einer schweren Bankenkrise ausreichen, die Guthaben über 100.000 € zu decken, kann nicht als sicher angenommen werden.

Die Regelung, wonach unbeteiligte Dritte – Inhaber von Buchgeld und Sparguthaben – für die die Risiken der Banken haften, auf deren Begründung sie keinen Einfluss haben, ist ebenfalls ein Systembruch, da ein Verstoß gegen den Grundsatz, dass wer die Ursache einen Schadens setzt – etwa durch hohe Risiken -, für die Schadensfolgen haften muss.

Auch im Hinblick auf die Inanspruchnahme der Inhaber von Buchgeld und Sparguthaben kommt der Abschaffung des Bargeldes eine besondere Bedeutung zu. Das Bargeld ist vor dem Zugriff sicher.

Die Eurostaaten verfolgen ihre eigenen Interessen. Das ist nicht nur verständlich, sondern legitim. Es würde sich nur ändern, wenn die Eurostaaten zu einem Einheitsstaat „Vereinigte Staaten von Europa", würden. Dies ist nicht zu erwarten. Welcher Staat ist schon bereit, sich selbst aufzugeben? Selbst eine wünschenswerte Neuordnung des Bundesgebiets, bei der einige Bundesländern wegfallen würden, hat es bisher nicht gegeben.

Bei der Verfolgung eigener Interessen gehen die Eurostaaten so weit, dass sie gegen bestehende Regeln verstoßen, was ein Indiz dafür ist, dass manche Regeln nicht praktikabel sind. Der Verstoß gegen die Regeln über die Schuldengrenzen ist nichts Außergewöhnliches. Aber es gibt noch andere Fälle von Verstößen, die zeigen, wie stark die nationalen Interessen sind.

Ein Fall betrifft die Bankenrettung in Irland. Die Bankenunion war noch nicht in Kraft. Die irische Regierung rettete Banken und damit die Girokonten und Sparkonten (Bail-out). Sie verstaatlichte die Banken und veranlasste sie, einen ELA-Kredit bei der nationalen irischen Zentralbank aufzunehmen. Ein ELA-Kredit ist ein Notfall-Kredit (ELA=Emergency Liquidity Assistance), den eine nationale Zentralbank ausnahmsweise ohne Zustimmung der EZB vergeben kann. Er dient der Überbrückung einer vorübergehenden Zahlungsschwierigkeit einer Bank und hat eine kurze Laufzeit. Er ist nicht zulässig, um eine drohende Insolvenz einer Bank abzuwenden. Der ELA-Kredit der irischen Banken wurde durch einen Schuldschein (Promissory Note) der irischen Regierung, die durch die Verstaatlichung Eigentümer der Banken geworden war, abgesichert. Der Schuldschein beinhaltete entsprechend dem kurzfristigen ELA-Kredit hohe jährliche Zahlungen an die irische Zentralbank (2% des Bruttoinlandsprodukt), was der Regierung schwer fiel. In Zusammenwirkung mit der irischen Zentralbank fand sich folgende Lösung: Das irische Parlament beschloss die Zahlungsunfähigkeit der verstaatlichten Banken. Damit wurde die gesamte Sicherheit aus dem Schuldschein fällig. Die Regierung konnte den hohen fällig gewordenen Betrag an die irische Zentralbank nicht bezahlen. Es kam zu einer Vereinbarung zwischen Regierung und Zentralbank dahingehend, dass der Schuldschein durch irische Staatsanleihen mit langer Laufzeit ersetzen wurde. Im Ergebnis erfolgte die Bankenrettung mit Mitteln, die der Staat von der Zentralbank erhalten hatte. Der Vorgang beinhaltet einen Verstoß gegen die die Regeln der ELA sowie gegen das Verbot der Staatsfinanzierung durch die Zentralbank. Und wie reagierte die EZB? Der EZB-Rat nahm das irische Vorgehen zur Kenntnis. Ihr nichts anders übrig.

Ein anderer Fall spielt 2016 in Italien. Die Bankenunion (Bail-in Regel) war in Kraft. Italienische Banken waren in Schieflage geraten. Die von ihnen ausgegebenen Kredite waren notleidend geworden. Auch hier ging es um die Rettung der Guthaben auf den Bankkonten. Zudem besaßen viele Kleinanleger Anteilsscheine an den Banken und waren dadurch Miteigentümer der Banken. Bei Anwendung der Regeln der Bankenunion würden sie ihr Eigentum verlieren, sodass die Anwendung der Regeln der Bankenunion ein Politikum ersten Ranges war. Der italienische Staat trat als Retter in Aktion. Er argumentierte mit einer Ausnahmevorschrift, wonach der Staat im Falle einer schweren Störung der Volkswirtschaft oder zur Wahrung der Finanzstabilität eine Bank retten kann. Die Voraussetzung der Ausnahme lagen nicht vor.

Ein weiterer aber nicht realisierter Fall von Selbsthilfe waren die von Italien geplanten Minibots. Bot steht für Buono ordinario del Tesoro, eine reguläre Verpflichtung des Finanzministeriums und Mini bedeutet, dass die Gutscheine auch in Kleinstbeträge von 5 Bot ausgegeben werden sollten. Bei den Minibots handelt es sich somit um Schuldverschreibungen des italienischen Regierung. Mit ihnen sollte gezahlt werden können. Das hoch verschuldete Italien hätte sich mit den Schuldverschreibungen Geld beschaffen und sich zusätzlich verschulden können. Da die Minibots auch Zahlungsmittel sein sollten, wären sie eine staatliche Parallelwährung zum Euro und daher mit dem Eurosystem unvereinbar gewesen.

Ein Finanztrick wurde von Griechenland benutzt, um die Höhe der Verschuldung zu kaschieren. Griechenland tauschte durch einen Währungsswap 2001 seine auf Yen und Dollar lautenden Schulden in einer Vereinbarung mit der Investitionsbank Goldman Sachs gegen eine Schuldverschreibung in Euro. Das Entscheidende war, dass dieser Tauschvertrag nicht auf der Basis der aktuellen Wechselkurse erfolgte, sondern auf der Basis fiktiver für Griechenland günstiger Wechselkurse, sodass Griechenland sogar noch eine Zahlung erhielt und seine Schulden reduzieren konnte. Der Tauschvertrag musste am Ende der Laufzeit rückabgewickelt werden. Die Zahlung an Griechenland war praktisch ein Kredit, der mit Zinsen zurückzuzahlen war. Die Zinsschuld war durch ein Zinsderivat – einer Wette auf steigende Zinsen - abgesichert. Da die Zinsen 2001 (Terroranschläge in den USA) sanken, ging die Wette verloren und Griechenland konnte seine Zinsschuld nicht reduzieren. Goldman Sachs verkaufte den Swap an eine griechische Bank und der griechische Staat war nun gegenüber dieser Bank verschuldet. Von der Rettung Griechenland profitierte wohl auch diese Bank.

Die nationalen Institutionen im Eurosystem sind die nationalen Zentralbanken. Sie unterliegen der Jurisdiktion der Nationalstaaten, wie das BVerfG in seinem Urteil vom 5.5.2020[82] klargestellt hat. Wenn auch das Urteil des BVerfG praktisch keine Folgen hat, so zeigt es doch die Bedeutung der Nationalstaaten. Die Macht der EU und ihrer Institutionen (EZB, EuGH) ist eine von den Mitgliedsstaaten abgeleitete Macht. Die EU ist kein Staat und hat daher nicht die Befugnis, seine Kompetenzen aus eigener Machtbefugnis zu erweitern.

Insgesamt betrachtet ist der Euro ein kompliziertes unausgegorenes Konstrukt. Ob er auf Dauer Bestand haben wird, ist schwer zu sagen. Deutschland wird alles tun, um den Euro zu erhalten. Sollte der Euro scheitern, stellt sich vor allem das Problem der Targetsalden. Die positiven Targetsalden von zur Zeit 1 Bill. € würden in den neuen Währung der Eurostaaten ausgeglichen und die neuen Währungen könnten stark abwerten. Bei einer Abwertung von 10% bedeutet das einen Verlust für die deutsche Zentralbank von wertmäßig 100 Mrd. €. Nun muss dieser Verlust vom deutschen Staat nicht ausgeglichen werden. Verluste der Zentralbank beeinträchtigen die Funktionsfähigkeit einer Zentralbank nicht, sie schmälern aber ihr Ansehen. Wenn die deutsche Zentralbank trotz der hohen Verluste, die es in auch den 1970er Jahren gegeben hat, eine harte Geldpolitik betreibt, wird sie das Vertrauen der Bevölkerung haben. Der Leidtragende wird der deutsche Staat sein, der auf Jahre keine Gewinnabführung erhält. Die Gewinnabführung der deutschen Zentralbank an den Staat ist beachtlich. Sie lag in den letzten 10 Jahren im Schnitt bei 2,5 Mrd. €, im Jahr 2019 betrug sie 5,8 Mrd. €[83]. Die ausbleibende Gewinnabführung müsste durch spürbare Steuererhöhungen und Ausgabekürzungen ausgeglichen werden.

Solange Deutschland ein gutes Ranking der Ratingagenturen hat und die Besitzer deutscher Staatsanleihen von der Schuldentragfähigkeit Deutschlands überzeugt sind, dürfte es keine größeren Probleme geben. Wegen der stark steigenden Verpflichtungen infolge der Coronakrise könnte es jedoch zu einer Abstufung im Ranking kommen. Die Anleger würden beim Kauf von deutschen Staatsanleihen eine Risikoprämie in Form höherer Rendite fordern. Die Zinsen würden steigen und damit die Kosten der Güterproduktion. Die Konsumgüterpreise würden steigen. Eine Inflation wäre nicht auszuschließen.

---

82 Siehe Fußnote 55
83 S https://www.bundesbank.de/resource/blob/826440/5862c7702df049e03d038ea6a4adf940/mL/2020-02-28-geschaeftsbericht-gewinnverteilung-data.pdf

Der Euro ist international anerkannt. Sein Währungsraum ist, was die Bevölkerungszahl betrifft, in etwa so groß wie die USA. Ein Teil des internationalen Handels wird in Euro abgewickelt. Für die internationale Finanzwelt ist der Euro ein Mittel der Spekulation wie der Bitcoin oder ein Finanzprodukt. Seine internationale Anerkennung besagt nichts über seine innere Stärke. Wenn die Arbeitsleistung in der Eurozone als Folge Transferunion insgesamt sinken sollte, wird er - anders als die Deutsche Mark - zu einer Weichwährung werden. Von Bedeutung ist, dass alle Eurostaaten längerfristig Strukturen schaffen, die die Leistungsfähigkeit und die Leistungsbereitschaft fördern. Solide Haushalte, ein solider Staat und eine starke Währung entstehen durch Arbeitsleistung. Sinnigerweise beginnt die italienische Verfassung mit dem Satz: Der Staat ist eine auf Arbeit gegründete Republik.

22. Zusammenfassung und Fazit

Der Mensch strebt nach möglichst hohem Gewinn. Es kommt zu Übertreibungen, die das Geldsystem gefährden. Der Staat hat die Verantwortung für das Geldsystem und hat dafür zu sorgen, dass Übertreibungen unterbleiben. Dieser Verantwortung wird er nicht gerecht. Die Folge ist eine hohe Instabilität des Geldsystems. Die wesentlichen Faktoren der Instabilität sind das reine Papiergeldsystem und die Deregulierung der Finanzwirtschaft seit den 1990er Jahren.

Das reine Papiergeldsystem ermöglicht die Geldherstellung in beliebigem Umfang. Auf leichte Weise wird durch Kredit Geld in großen Mengen zum Beispiel zum Kauf von Aktien hergestellt. Die Aktienkurse steigen und es entsteht eine Assetinflation, die mit einem Kurssturz enden kann. Die Kredite sind nicht mehr durch Aktienwerte gedeckt. Das Geldsystem wird instabil. Bei einer goldgedeckten Geldsystem würde dies nicht so schnell passieren, da Gold knapp ist und Kredite nicht in beliebigem Umfang vergeben werden können.

Es gibt Versuche, die Geldherstellung zu erschweren. Der Bitcoin ist ein solcher Versucht. Ein weiterer Versuch ist das Vollgeld, das in 2018 Gegenstand einer Volksabstimmung in der Schweiz war. Das Vollgeld hat jedoch nicht die Wirkung, die Geldmenge zu begrenzen, wenn die Zentralbank in unbegrenztem Umfang Zentralbankgeld und damit Vollgeld herstellt, wie dies bei der quantitativen Lockerung der Fall ist.

Im Gegensatz zur Goldwährung oder zum Bitcoin hat das reine Papiergeldsystem große Vorteile. In der heutigen Zeit des rasanten technischen Fortschritts sind die Unternehmen der Realwirtschaft gezwungen, in immer kürzeren Zeitabständen neue Güter zu produzieren. Hierfür benötigen sie kurzfristig viel Geld, das durch das reine Papiergeldsystem bereitgestellt werden kann. Sinn und Zweck des reinen Papiergeldsystems ist daher die Unterstützung der Realwirtschaft. Sinn und Zweck kann nicht sein, es zu riskanten Spekulationen und im Falle von Fehlspekulationen zur Rettung der Spekulanten zu nutzen. Auch die quantitative Lockerung, die durch das reine Papiergeldsystem möglich ist, muss kritisch hinterfragt werden. Ihr Einsatz für ein nicht erreichbares Inflationsziel von 2% ist als Fehlgebrauch zu bezeichnen.

Der zweite wichtige Faktor der Instabilität ist die Deregulierung der Finanz-wirtschaft. Infolge der Deregulierung entstanden neue Finanzprodukte mit hohen Risiken, die auf Kredit gekauft wurden. Die Finanzprodukte sind mit verantwortlich für die Finanzkrise 2008.

Die Banken haben eine wichtige Stellung im Geldsystem. Durch ihre Kre-dite bestimmen sie, was gekauft wird, ob Güter oder Aktien oder Finanz-produkte. Sie haben somit Einfluss auf die Stabilität. Da sie wie alle Unter-nehmen nach möglichst hohen Gewinnen streben, gehen sie hohe Risiken ein, indem sie wie die anderen Finanzunternehmen agieren und Finanzpro-dukte herstellen, kaufen und verkaufen.

Um eine höhere mehr Stabilität im Geldsystem zu erreichen, müsste das Bankensystem neu geordnet werden. Sinnvoll wäre ein Trennbankensys-tem. Die Banken würden aufgeteilt in Kreditinstitute mit Zugang zur Zen-tralbank und in andere Finanzunternehmen. Nur die Kreditinstitute sind zur Vergabe von Krediten befugt. Wenn ein anderes Finanzunternehmen Geld benötigt, erhält es einen Kredit vom Kreditinstitut. Dieses würde die Ver-wendung des Geldes sorgfältig prüfen und einen Kredit nicht so leicht zum Kauf von riskanten Finanzprodukten vergeben, da es von einem möglichen Gewinn nicht profitiert. Ein Kreditinstitut wird insofern auch nicht so schnell in eine Schieflage geraten wie eine Universalbank, die mit fremden Mitteln spekuliert, um eine möglichst hohe Eigenkapitalrendite zu erzielen.

Ein Trennbankensystem wurde in den USA nach dem Aktiencrash 1929 ein-geführt. Die Banken hatten den Anstieg der Aktienkurse wesentlich mit ver-ursacht und daher zu dem Crash beigetragen. Das Trennbankensystem, das 1934 eingeführt worden war, wurde erst im Rahmen der Deregulierung 1999 aufgehoben. Die Banken, die bisher nur fremde Geschäfte unterstüt-zen, konnten nun Eigengeschäfte mit hohen Risiken durchführen.

Zu denken wäre weiter an folgende Maßnahmen:

Finanzwetten sollten - wie das Glücksspiel - reglementiert werden. Sie soll-ten nur mit Eigenkapital zulässig sein. Nur solche Finanzwetten sollten zu-gelassen werden, deren Risiken allgemeinverständlich sind. Wetten auf Le-bensmittelpreise sollten gänzlich verboten werden. Das gleiche gilt für den Leerverkauf, der Kursmanipulationen ermöglicht und der im übrigen dem

Geldsystem widerspricht, das ein System steigender Preise bzw. steigender Kurse ist.

Auch die Zentralbank muss in die Betrachtungen einbezogen werden. Eine Zentralbank ist unabhängig. Das bedeutet aber nicht, dass sie machen kann was sie will. Vor allem wegen der quantitative Lockerung müssen ihr Grenzen gesetzt werden. Die quantitativen Lockerung ist einzustellen, wenn die Zinsen in den negativen Bereich sinken. Negative Preise für das Geld bzw. negative Zinsen gibt es ebenso wenig wie negative Preise für Konsumgüter. Eine Grenze liegt auch in der Ausschaltung des Anleihemarktes durch Ankauf der Hälfte aller Anleihen. Der Ankauf von Aktien durch die Zentralbank, der diskutiert wird, verbietet sich schon deshalb, weil Aktien keine Zinspapiere sind und daher kein Instrument der Geldpolitik sein können. Es hat den Anschein, also würden die Zentralbanken keine Grenzen kennen. Nur der Gesetzgeber kann hier Abhilfe schaffen.

Die Finanzkrise 2008 wäre die Gelegenheit gewesen, die Deregulierung rückgängig zu machen. Die Gelegenheit wurde nicht genutzt. Lediglich die Anforderungen an das Eigenkapital der Banken wurden erhöht (Basel-Regeln). Das reicht nicht. Das Eigenkapital kann aus Wertpapieren bestehen, deren Bewertung Ermessenssache ist, sodass es im Krisenfall zu gering ist. Es ist nicht zu erwarten, dass es zu einer grundlegenden Regulierung der Finanzwirtschaft kommt. Die Finanzwirtschaft ist zu einer mächtigen Industrie geworden, gegen die sich die Regierung nur schwer durchsetzen kann.

Durch die bisherige quantitative Lockerung sind die Aktienkurse gestiegen und es entstand Aktienvermögen, für das keine Arbeitsleistung erbracht wurde. Irgendwann werden die Menschen, die für ihr Vermögen hart arbeiten müssen, während andere ohne Arbeit zu Vermögen kommen, dies nicht einsehen und höhere Löhne fordern. Höhere Löhne führen zu höheren Kosten und damit zu höheren Preisen. Es kommt zur Inflation.

Sollten die Zentralbanken es mit der quantitativen Lockerung zu sehr übertreiben und etwa Aktien in großem Umfang kaufen, entsteht eine enorme Menge an Geld, für das keine Arbeitsleistung erbracht wird. Geld beinhaltet Kaufkraft und diese beruht auf Arbeitsleistung. Wenn die Menschen erkennen, dass viel Geld ohne Arbeitsleistung entsteht, verlieren sie den Glauben an das Geld und das Geld verliert an Wert. Sie werden den

Wertverlust durch höhere Preise für Löhne und Güter ausgleichen. Eine übertriebene quantitative Lockerung kann zur Inflation führen.

Eine Inflation infolge höherer Kosten kann durch eine Steuererhörung entstehen, die infolge der Coronakrise zu erwarten ist. Der Staat konnte die bisherigen Krisen (Eurorettung) dadurch lösen, dass er Garantien und Verpflichtungen für andere außerhalb des Haushalts einging. Die Garantien und Verpflichtungen waren nicht mit Zahlungen verbunden, die eine Kreditaufnahme erforderlich gemacht hätten. Bei der Coronakrise ist das anders. Hier ist der Staat selbst in Schwierigkeiten. Er hat hohe Sozialausgaben und Steuerausfälle. Er benötigt Geld, das er sich wegen der verfassungsrechtlichen Schuldenbremse nur in begrenztem Umfang durch Kredite (Emission von Anleihen) besorgen kann, sodass er an einer Erhöhung der Steuern nicht vorbeikommt.

Eine Inflation ist auch durch steigende Zinsen, die ein Kostenfaktor sind, denkbar. Einige Besitzer von Anleihen könnten zu der Auffassung kommen, dass ihre Anleihen nicht mehr sicher sind, da die Schuldentragfähigkeit der Emittenten nicht mehr gegeben sei, weil für die Schuldentilgung eine Arbeitsleistung erbracht werden müsste, die schlichtweg nicht erbracht werden kann. Die Anleger, vor allem die institutionellen großen Investoren, könnten plötzlich Anleihen in großem Umfang verkaufen. Das Angebot an Anleihen steigt, die Kurse sinken und die Zinsen steigen.

Was Deutschland betrifft, so könnte eine hohe Verschuldung infolge der Coronakrise in Verbindung mit den bereits übernommenen Garantien und Verpflichtungen sowie mit den Targetsalden, die ungedeckte Forderungen der deutschen Zentralbank sind, die Anleger veranlassen, eine Risikoprämie in Form einer höheren Verzinsung der Staatsanleihen zu fordern. Die Zinsen und damit die Kosten würden steigen und damit die Kosteninflation. Die EZB müsste die Kosten und damit die Zinsen senken, was aber praktisch nicht möglich ist, wenn die Zinsen bereits negativ sind. Die Kosteninflation wäre durch die Zentralbank praktisch nicht zu bekämpfen. Die Wirkung der Inflation wäre allerdings ein wünschenswerter Abbau der Schulden – auf Kosten der Geldbesitzer und der Sparer.

Was die Höhe der Kosteninflation betrifft, so sind auch hier Übertreibungen nicht ausgeschlossen. Wenn eine Inflation erst einmal eingesetzt hat, kann sie an Fahrt gewinnen, zumal wenn die Möglichkeiten der Zentralbank, sie zu begrenzen, beschränkt sind. Eine Hyperinflation wie in den Jahren nach dem Ersten Weltkrieg ist unwahrscheinlich. Die damalige Lage mit extremer Güterknappheit, zerstörten und demontierten Fabrikanlagen ist mit der heutigen Lage nicht vergleichbar. Ein Vergleich käme allenfalls zu der Kosteninflation Mitte und Ende der 1970er Jahre in Betracht. Die Ölpreise waren explodiert. Sie stiegen in einzelnen Jahren um 100% und mehr. Die Kosten stiegen und damit die Preise. Die Inflationsrate erreichte in Deutschland Werte von 7%[84]. Die Bundesbank erhöhte den Leitzins (Diskontsatz) zeitweise auf 7%[85], um die Inflation zu bekämpfen. Die Lage war damals eine andere als heute. Damals gab es kein Überangebot an Gütern und die Märkte waren nicht gesättigt wie das heute der Fall ist. Die Nachfrage nach Gütern war hoch. Die Preise konnten daher durch die Reduzierung der Nachfrage und diese durch Verteuerung der Kredite bzw. Anhebung der Zinsen gesenkt werden. Der Mechanismus steigende Zinsen gleich sinkende Inflation funktioniert heute nicht mehr. Der Anstieg der Zinsen wirkt auf die Kosten und nicht auf die Nachfrage, die gesättigt ist.

Gegen eine Inflation würde nur die rechtzeitige Flucht in die Sachwerte helfen, zum Beispiel in Gold und Silber. Auch hier ist – wie beim Geld – der unmittelbare Besitz wichtig. Gold und Silber sollten daher nicht in Form von Wertpapieren gehalten werden, da die Solidität der Emittenten der Wertpapiere nicht garantiert ist. Auch an den Bitcoin wäre zu denken. Sein Vorteil ist, dass er wie Gold und Silber knapp und insofern wertbeständig ist. Kursschwankungen müssen wie bei Gold und Silber in Kauf genommen werden. Der Kauf von Aktien dürfte bei einer drohenden Inflation nicht empfehlenswert sein. Bei steigenden Zinsen werden weniger Aktien gekauft und die Unternehmen investieren weniger, was die Gewinnaussichten verringert.

Die Frage, ob und wann es zu einer Kosteninflation kommt und wie hoch diese ausfällt, kann niemand beantworten. Sie hängt entscheidend davon ab, welche Steuern und in welchen Umfang sie erhöht werden und ob ein massiver Verkauf von Anleihen einsetzt. Zu beobachten ist daher die staatliche Haushaltspolitik und die Zinsentwicklung, zum Beispiel anhand der Um-

84   Siehe www.destatis.de   Themen - Wirtschaft - Preise - Verbraucherpreisindex – Verbraucherpreisindex-
     Verbraucherindex für Deutschland Lange Reihen ab 1948 (xlsx JD_Vae Personenhaushalte mittlere Einkommen, 1963-1991
     Alle privaten Haushalte, ab 1992 Verbraucherpreisindex)
85   Siehe www.bundesbank.de   Statistiken – Geld- und Kapitalmärkte – Zinssätze und Renditen – Zeitreihen – Notenbankzinsen
     – Diskontsatz, Lombardsatz, Basiszins

laufrendite. Nicht zuletzt sollte die Entwicklung der Löhne und des Ölpreises bzw. der Energiekosten im Auge behalten werden.

Wenn es nicht zu einer höheren Inflation kommen sollte und die Zinsen niedrig bleiben, wäre zu überlegen, was man mit seinem Geld macht. Vielleicht wäre es keine schlechte Idee, sein Geld zunächst „unter die Matratze" zu legen. Dort ist es vor negativen Zinsen und vor der Inanspruchnahme durch ein Bail-in im Falle einer Bankenpleite sicher. Der Geldbesitz und damit die Zahlungsfähigkeit sind ein Wert an sich, wie die Coronakrise gezeigt hat. Die Möglichkeit, mit seinem Geld bei Gelegenheit etwas zu einem günstigen Preis kaufen zu können, kann per Saldo eine höhere Rendite ergeben als ein riskantes Finanzprodukt, das man nicht versteht und für das Gebühren beim Kauf und Kapitalertragssteuern zu zahlen sind.

Das Bargeld als unmittelbarer Besitz am Geld hat in der heutigen Zeit der Instabilität des Geldsystems eine große Bedeutung. Sollte im Rahmen der Digitalisierung, die grundsätzlich zu begrüßen ist, die Banknote abgeschafft und durch ein Konto bei der Zentralbank für jedermann ersetzt werden, so wäre das Geld zwar vor einer Bankenpleite sicher, da die Zentralbank nicht pleite gehen kann. Jedoch hätte die Zentralbank und damit auch der Staat den Zugriff auf das Geld. Sie könnte das Konto sperren oder es mit negativen Zinsen belasten.

Die Welt des Geldes ist kompliziert und voller Unsicherheiten. Patentrezepte gibt es nicht.

Stichworte/Seite